The Standard for Portfolio Management

Fourth Edition

项目组合管理标准

（第 4 版）

[美] Project Management Institute 著

電子工業出版社
Publishing House of Electronics Industry
北京 • BEIJING

版权贸易合同登记号　图字：01-2018-2656

图书在版编目（CIP）数据

项目组合管理标准：第 4 版 / 美国项目管理协会著；张智喨，苏金艺译. —北京：电子工业出版社，2019.3

书名原文：The Standard for Portfolio Management, 4E

ISBN 978-7-121-36052-7

Ⅰ. ①项… Ⅱ. ①美… ②张… ③苏… Ⅲ. ①项目管理—标准 Ⅳ. ①F224.5-65

中国版本图书馆 CIP 数据核字(2019)第 034104 号

责任编辑：刘露明

印　　刷：北京盛通数码印刷有限公司

装　　订：北京盛通数码印刷有限公司

出版发行：电子工业出版社

　　　　　北京市海淀区万寿路 173 信箱　邮编 100036

开　　本：880×1230　1/16　印张：8.75　字数：162 千字

版　　次：2008 年 1 月第 1 版

　　　　　2019 年 3 月第 4 版

印　　次：2025 年 2 月第 12 次印刷

定　　价：89.00 元

凡所购买电子工业出版社图书有缺损问题，请向购买书店调换。若书店售缺，请与本社发行部联系，联系及邮购电话：（010）88254888，88258888。

质量投诉请发邮件至 zlts@phei.com.cn，盗版侵权举报请发邮件至 dbqq@phei.com.cn。

本书咨询联系方式：（010）88254199，sjb@phei.com.cn。

目录

第 1 章

引　论

本章涵盖项目组合管理的目的、背景和原则，包括几个关键术语的定义，并且提供了《项目组合管理标准》（第 4 版）概览。主要介绍了如下内容：

1.1《项目组合管理标准》的目的

1.2《项目组合管理标准》的受众

1.3 项目组合是什么

1.4 项目组合、项目集、项目和运营之间的关系

1.5 项目组合管理是什么

1.6 项目组合管理、项目集管理和项目管理之间的关系

1.7 项目组合管理的原则

1.8 项目组合管理和组织战略、战略业务执行和组织级项目管理之间的关系

1.9 项目组合的组件及其相互关系

1.10 项目组合经理的角色

1.11 项目组合管理中的其他角色

1.1　《项目组合管理标准》的目的

《项目组合管理标准》（第 4 版）识别了被组织普遍认可且视为良好实践的项目组合管理原则和绩效管理域。这些组织具备业务需求，要高效地管理复杂而又密集的项目集和项目投资。“普遍认可”意味着所描述的原则和绩效管理域在大多数时间适用于大多数的项目组合，而且对它们的价值与适用性具有广泛的共识。“良好实践”则意味着普遍同意应用这些原则和绩效管理活动能够提高成功的机会，并且名副其实地对很大范围的项目组合起作用。良好实践并不意味着所描述的管理活动应该一成不变地应用于项目组合。组织的治理和项目组合经理要负责决定在其既定的环境中、置身于组织的项目与项目集管理框架场景中，对于任何一个项目组合哪些是适用的。

《项目组合管理标准》（第 4 版）包括一个常用的、统一的术语表，适合在项目组合管理中使用，以推广、探讨、研究、创作、运用以及持续改进项目组合的管理概念。通过使用一种实践者所理解的语言，无论地理位置、文化、行业或教育背景如何，项目组合管理的实践者都能够交流与促成项目组合管理和战略的执行。

由项目集、项目及相关的运营工作组成的项目组合管理适用于所有类型的组织。

本标准与《项目管理知识体系指南》（*A Guide to the Project Management Body of Knowledge*，以下简称《PMBOK® 指南》）（第 6 版）[1]、《项目集管理标准》（*The Standard for Program Management*）（第 4 版）[2] 已提供信息的相匹配。作为一个基本的参照，本标准无意于做到全面综合甚至包罗万象，它只是个指南而不是方法论。每个人都可以使用各种方法和工具来贯彻在此所描述的原则和实践。

除了这些标准为项目管理的原则、过程、工具和技术提供指南，《PMI®道德与专业行为规范》（*PMI Code of Ethics and Professional Conduct*）[3]也描述了从业者应该对自己与他人抱有的期待。它明确了责任、尊重、公正和诚实方面的基本义务，要求从业者展示出对道德和职业行为的承诺，承担遵守法律、规章制度以及组织和职业政策的义务。由于从业者来自不同的背景和文化，《PMI®道德与专业行为规范》全球适用。在与任何相关方打交道时，从业者都应该致力于诚实与公正地实践，并且有礼貌地进行交易。认可和遵守《PMI®道德与专业行为规范》是获得 PfMP®证书和其他 PMI 证书以及续证的一个要求。

1.2　《项目组合管理标准》的受众

本标准为任何有志于从事包含项目集、项目及运营活动的项目组合管理的相关人士提供基本参考。他们包括，但不限于：

- 高级管理人员和治理委员会，就组织的战略做出决策的人；
- 管理人员，负责制定组织的战略或者向高级管理人员提出建议；
- 项目组合、项目集和项目管理从业人员，特别是项目组合经理；
- 研究人员，分析项目组合管理的人；
- 项目组合、项目集或项目管理办公室的成员；
- 项目组合、项目集或项目管理及相关领域的咨询师和其他专业人士；
- 商业与技术专业人士，诸如审计师、培训师、工程师以及其他越来越多地被要求管理由项目集、项目及运营活动组成的项目组合的人；
- 运营经理、区域经理、土木工程师、大型项目的施工经理和施工人员，以及需要思考项目组合的财务、人力、市场、物料资源或供应链的流程负责人；

- 项目组合、项目集、项目和运营团队成员，以及客户和其他相关方；
- 组织中的战略规划者和执行官；
- 教授项目组合管理和相关学科的教育工作者；
- 项目组合管理和相关领域的学生。

1.3 项目组合是什么

项目组合是为了实现战略目标而组合在一起管理的一系列的项目、项目集、子项目组合以及相关运营工作。项目组合的组件，如包含在项目组合中的项目集和项目，都是可量化的（如要被识别、分类、评估、优先排序、授权）。而且，项目组合的组件可以是相关的或者不相关的，可以是独立的或者相互依赖的，可能拥有相关的或者不相关的目标。项目组合组件会竞争、共享一系列有限资源的部分或全部。项目组合结构内各个组件共享或所占比例，可能受组织战略和能力的驱动。因此，组织需要审查它们独特的处境，并且决定如何最好地优化和平衡项目组合的组件。

为了达成组织的和业务单元的战略与目的，项目组合会存在，并且可能包括一系列当前的和未来的项目组合组件。像项目集和项目一样，项目组合也有生命周期。然而，项目组合不像项目集和项目那样受时间的严格局限，通常拥有更长的生存年限和管理层更大的关注。考虑到项目组合的期限更长些，新的项目组合组件可能会搅入项目组合及其子项目组合中。项目组合的结束则可能发生在不再需要项目组合的时候、预期的目标已经达成的时候，或者项目组合的组件退役或被转移给其他项目组合的时候。取决于组织的规模和复杂性，项目组合可能融合在一起并且分别达成最理想的绩效。

一个组织可能拥有不止一个项目组合，每个项目组合都要处理独特的或不同的组织（业务、职能或者其他）战略、目的和目标。已经提出的新的动议，有可能演变成项目集或项目，可能被放入现存的或新的项目组合中。另外，大型的项目组合可能包含多个子项目组合，而且通常都会构建层级结构（见图 1-1）。例如，项目集、项目或职能单元的项目组合可能存在于一个大型的业务单元项目组合中，继而，这个大型的业务单元项目组合又作为一个项目组合嵌入企业整个的项目组合里。常见的项目组合包括产品线、信息技术项目组合、企业项目组合等。

此外，项目组合对一个组织而言可以是内部的，也可以是外部的。项目组合还可能存在于组织的各个层级，如企业、事业部、业务单元和职能部门。项目组合可以被分别组织，同时它们也可以被组织在一个层级结构里。项目组合既可以支持组织的核心职能，也可以支持某些支持职能。

在任一既定的时刻，一个项目组合代表着它所选定的一系列项目组合组件，并且反映了一个或多个那个时刻的组织战略与目标。因此，一个能起到作用的项目组合应该能够代表任何既定时刻组织的意图、方向和进展情况。如果出于任何原因项目组合没能与组织的战略保持一致，组织应该问清楚，为什么要从事该项目组合的工作，而且应该通过采取纠正措施，例如调整、校正和/或移除包括在该组合中的某些动议，使项目组合与战略保持一致。

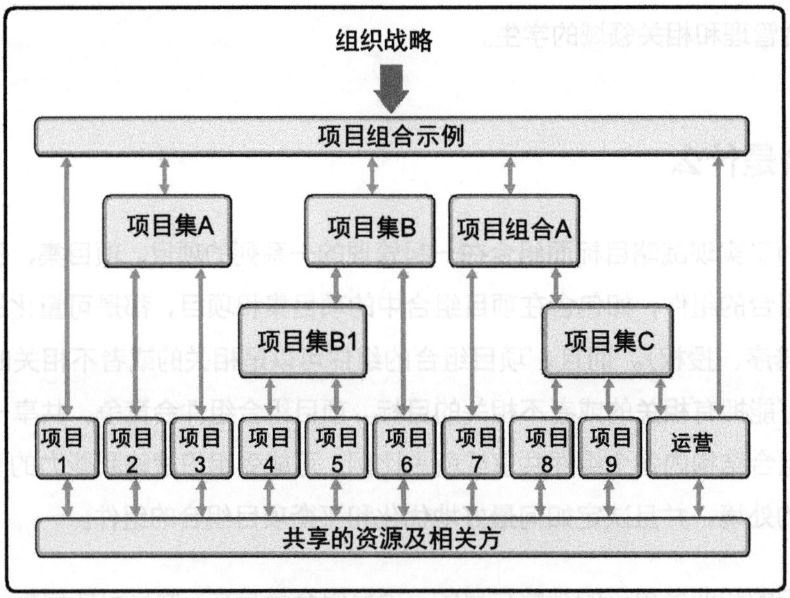

图 1-1　项目组合、项目集和项目——概要

1.4　项目组合、项目集、项目和运营之间的关系

项目组合、项目集和项目的关系是这样的：项目组合是为了实现战略目标而组合在一起管理的一系列的项目、项目集、子项目组合及相关运营工作。这些组件间的关系都具备潜力，能通过项目组合管理给组织带来价值。这也是评估和添加组件到项目组合中的标准。项目集则被组合在项目组合中，会包括相关的项目、子项目集和项目集活动，以协调的方式管理来获取单独管理它们所无法获取的收益。具有战略重要性的单个项目，无论是否包括在项目集内，都要被考虑成项目组合的一部分。尽管项目组合内的项目集或项目可能并不直接相关或相互依赖，但它们会通过项目组合的方式与组织的战略计划关联在一起。

组织规划通过项目优先级排序来影响项目。优先级排序基于风险、资金、资源制约因素以及与组织战略目标有关的其他考虑事项。组织规划可以基于风险类别，具体业务线或一般类型的项目指导资源管理并支持项目集组件和项目组件。

组织规划，通过以风险、投资、资源制约及与组织战略目标相关的其他考虑事项为基础进行项目优先排序，从而影响着各个项目。在风险类别、具体的业务线或项目的常规类型的基础上，组织规划指导着资源的管理并且支持着组件项目集和项目。

所有项目组合组件应该具有的特征包括：

- 代表了组织将如何通过项目组合及其组件实现其战略目的和目标；
- 代表了组织实现其战略的投资优先级；
- 需要管理和治理，包括在项目组合组件之间分配和共享资源（如人力、财力、资产和智力）；
- 拥有可被量化的能力，因而可被评估、测量、排序和指定优先级；
- 拥有可被指导或控制的能力，来实现项目组合的价值。

1.5 项目组合管理是什么

项目组合管理是集中地管理一个或多个项目组合来实现战略的目标。它应用项目组合的管理原则来使项目组合及其组件与组织的战略保持一致。

项目组合管理也可以被看作一个动态的活动，凭借它，组织投入它的资源通过识别、分类、监督、评估、整合、选择、优先排序、优化、平衡、授权、移交、控制及终止项目组合的组件，来实现其战略性目标。

1.6 项目组合管理、项目集管理和项目管理之间的关系

项目组合管理平衡项目组合组件间冲突的需求，基于组织的优先级和产能分配资源（如人力、财务、资产和智力），并且整合管理的原则和合理的实践，来交付与战略目标保持一致的商业价值。项目集管理关注的焦点是要达成作为项目集被启动的目的所对应的预期收益和业务产物，而且要在限定的成本与进度范围内做事。项目管理则在很大程度上关注实现特定的项目可交付成果，支持业务和组织的目标。项目组合组件的属性可以进一步区分，如表 1-1 所示。

项目组合、项目集和项目管理应该与组织的战略和其他业务驱动保持一致，并受组织战略和其他业务驱动的推动。反过来说，项目组合、项目集和项目管理会对达成和实现战略目标做出贡献。项目组合管理与组织的战略保持一致，通过选择最佳的项目组合组件、排列工作优先级、提供所需的资源、就组件的实施进行监管，或者与项目组合组件的经理合作，指导适宜地移交进运营环境，进而促成项目组合价值的达成。项目组合聚焦于协调其组件和运营的动议并且管理它们的相互依赖关系，以实现特定的收益。项目管理在更加细节的水平上制订和实施计划来达成预期的特定范围。该范围是由其所归属的项目组合或项目集的目标驱动的，并且最终归属于组织的战略（如业务、职能及其他更宽泛的战略）。

项目组合管理通常确定业务执行的总体方向和基调，从而塑造、定义或调整其组件。

表 1-1　项目、项目集、项目组合管理的比较概览

组织级项目管理			
	项　　目	项 目 集	项 目 组 合
定义	项目是为创造独特的产品、服务或成果而进行的临时性工作	项目集是一组相互关联且被协调管理的项目、子项目集和项目集活动，以获得分别管理所无法获得的收益	项目组合是为了实现战略目标而组合在一起管理的项目、项目集、子项目组合和运营工作
范围	项目具有明确的目标。范围在整个项目生命周期中是渐进明细的	项目集的范围包括其项目集组件的范围。项目集通过确保各项目集组件的输出和产物协调互补，为组织带来收益	项目组合的范围随着组织战略目标的变化而变化
变更	项目经理对变更和实施过程做出预期，实现对变更的管理和控制	项目集的管理方法是，随着项目集各组件产物和/或输出的交付，在必要时接受和适应变更，优化收益实现	项目组合经理持续监督内部和外部环境的变化
规划	在整个项目生命周期中，项目经理渐进明细概要信息，将其转化为详细的计划	项目集管理利用概要计划，跟踪项目集组件的依赖关系和进展。项目集计划也用于在组件层级指导规划	项目组合经理建立并维护与总体项目组合有关的必要过程和沟通
管理	项目经理为实现项目目标而管理项目团队	项目集由项目集经理管理，其通过协调项目集组件的活动确保项目集收益按预期实现	项目组合经理可管理或协调项目组合管理人员或对总体项目组合负有报告职责的项目集和项目人员
监督	项目经理监控项目开展中生产产品、提供服务或成果的工作	项目集经理监督项目集组件的进展，确保整体目标、进度计划、预算和项目集收益的实现	项目组合经理监督战略变更及总体资源分配、绩效成果和项目组合风险
成功	通过产品和项目的质量、时间、预算的符合性及客户满意度进行衡量	项目集的成功通过项目集向组织交付预期收益的能力及项目集交付所述收益的效率和效果进行衡量	通过项目组合的总体投资效果和实现的收益进行衡量

1.7　项目组合管理的原则

组织战略及其目标有助于建立和指导一个组织的决策、方向、目的和资源分配，以实现目标价值。取决于组织的使命和愿景，这些价值可以是宽泛的，也可以是狭义的。外在价值可能是市场的、社会的、政治的和环境的；内在价值，如能力、才干、文化、成长、发展和竞争力都是重要的考虑项。确定组织战略很困难，实现结果有时更具有挑战性和复杂性。

实现结果有许多挑战。其中最主要的就是校准战略和执行，获得和维持高级管理人员的支持，平衡哪些是可行的与哪些是必要的，确定短期的和长期的效益与目的，管理资源的产能与能力，以及实现和维持执行的能力。总之，组织浪费不起宝贵的资源，应该找到方法“在正确的时间，以正确的方式，做正确的项目”。项目组合管理提出了一种有序的方法来实现战略结果。

以下基本原则是本标准的核心内容：

- ◆ 努力获得卓越的战略执行力；
- ◆ 强化透明性、负责、担责、可持续性和公正；
- ◆ 比对整体风险来平衡项目组合的价值；
- ◆ 确保项目组合组件中的投资与组织的战略保持一致；
- ◆ 获得并保持高级管理人员和关键相关方的赞助和参与；
- ◆ 发挥积极果断的领导作用优化资源的利用；
- ◆ 培养拥抱变化和风险的文化；
- ◆ 驾驭复杂性，以取得成功的结果。

这些原则的目的是指导项目组合管理的从业者在他们的组织中明确概念，建立、实施和持续管理项目组合。通过在战略规划和战略业务执行间建立强有力的连接，组织能够在提高资源利用率、开拓新机会和减少威胁的同时实现更好的组织绩效。

1.8 项目组合管理和组织战略、战略业务执行和组织级项目管理之间的关系

组织的战略有助于为组织定义明确的目的与目标。组织的战略应该是围绕着各种组织活动包罗万象的，包括运营和其他相关变革活动。由于战略是一些想法、概念和计划，商业价值的获得需要执行这些计划的行动（如战略计划、业务发展计划、运营计划、行动计划）。大多数变革活动，无论是组织内部的还是外部的（如合同工作），都要通过项目组合组件（如项目集和项目活动）来实施。为了保持和维持竞争力，组织需要强大的战略执行来实施其项目组合、项目集和项目，不只是偶尔为之，而是要久而久之地一贯重复着。这需要组织采取强大的原则，如组织级项目管理（OPM）。OPM 是一种战略执行框架，应用项目组合、项目集和项目管理，以及组织赋能实践来一贯地、可预测地交付组织的战略，生成更好的实践、结果和商业价值。

价值是项目组合管理的主要焦点，它被定义为组织全部可定量与定性的收益、价值和有用性——全部有形和无形要素的总和。有形要素的例子包括货币资产、相关方的满意度和效用；无形要素的例子包括声誉、品牌认可度、公共利益、传统、专利和商标。商业价值可以被定义为短期的、中期的或长期的。价值则是通过对持续运营的有效管理而生成的。

1.8.1 项目组合管理和组织战略

一个组织的战略是由能够提供组织的总体方向和焦点的目的和政策，以及为达成这些目的而采取的计划和行动组成的。这些内容充当着项目组合管理的主要输入。组织力求拥有能够引领组织长寿与成功的高效的管理能力。项目组合管理是组织整体战略方向不可分割的一部分，它是通过所承担的变更动议和战略投资来实现战略目的和目标的一个工具。将项目组合管理与战略相结合，平衡资源的使用，以便最大化在执行项目集、项目和运营活动中所交付的价值。组织战略和目标被转化成一系列的动议，这些动议会受到很多因素，诸如市场动态、客户和合作伙伴的要求、相关方、政府法规、内部相关方及其愿望、竞争对手的计划和行动的影响。这些动议缔造了特定时期内所执行的包含项目集、项目及运营组件的项目组合。

图 1-2 展示了愿景、使命和组织战略与目标，为项目组合管理的战略规划和项目集、项目和运营的管理提供的方向与关系。项目组合管理旨在通过提供一个战略执行的整体框架来增强关键业务绩效指标，如投资回报率，或者提高社会价值。项目组合管理需要不断地对正战略目标和预见未来可选结果的能力，来支持和加强战略项目组合的决策制定。意识到项目组合组件及其诸多关系与依赖性，如图 1-2 所示，会提升项目组合经理预见未来可能的问题和风险的能力。

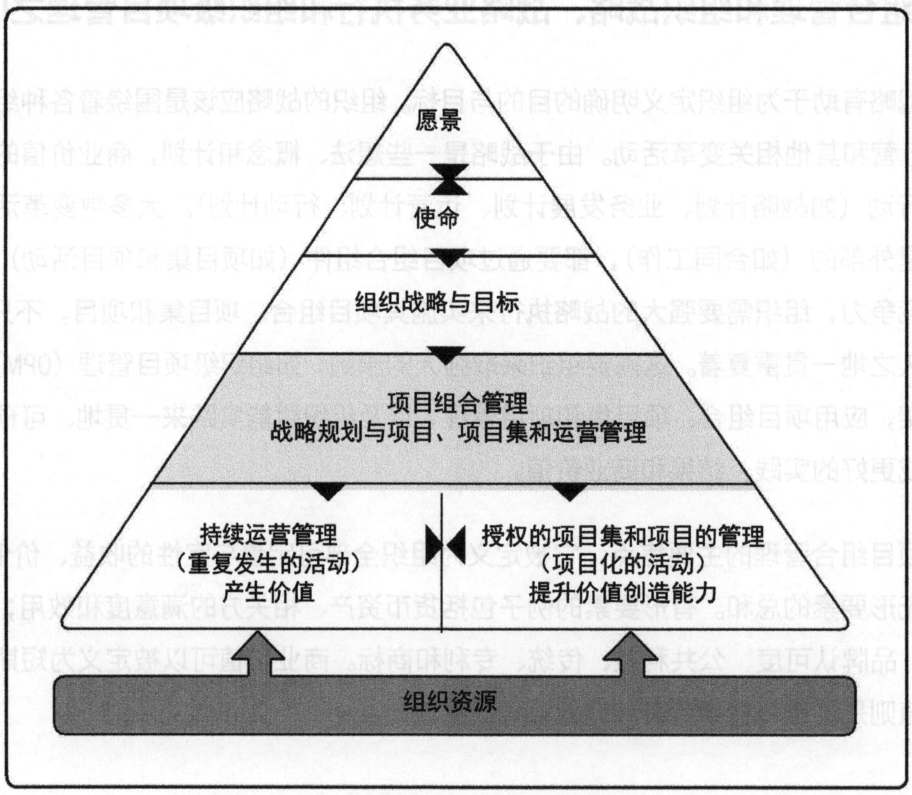

图 1-2 项目组合管理的组织背景

图 1-2 的阴影部分——项目组合管理战略规划与项目、项目集和运营管理，指出了组织战略和目

标（含有动议的管理活动）与运营活动之间的关系。项目组合的绩效，比对组织的战略和目标及绩效反馈，得以被监控，为组织战略方向的潜在变更提供了输入。

项目组合还需要与组织的规划和业务分析整合在一起分析当前的业务风险。这个分析可能驱动战略变更，使已规划好的（激活的和未来的）项目组合组件能够继续支持战略目标。当组织规划确定某个目的对组织已经不再有效时，项目组合经理通常会与治理团队合作，一起评审该项目组合和重新评估目前已就绪要实现过时目标的所有项目组合组件，努力调整或终止不再对战略目标做出贡献的所有组件。

项目组合管理确保持续地与战略目标保持一致是至关重要的，因为组织可能迫于相关方对更大赢利能力的追逐、变化着的市场条件、平衡变革需求与持续运营需求等原因而重新定义战略。有时，战略目标实施策略的改变也可能导致项目组合的变化。在高级管理级做出重要决策导致要改变战略和/或战略目标以后，项目组合应该被重新校准与平衡。项目组合的这种重新校准与平衡，也应该被分享给那些在项目集和项目中作为相关方担当着关键角色的员工。通过对战略、战术和运营能力及差距的回顾，项目组合管理为规划和管理资源、监督项目组合的健康情况，以及与项目集和项目管理者合作实施项目组合的组件，提供了有用的反馈。

1.8.2 战略业务执行和组织级项目管理

项目组合管理、项目集管理和项目管理都是用来管理能力以便交付价值的组织级项目管理框架的范围。组织级项目管理是一个框架，在此框架中将项目组合、项目集和项目管理与组织的使能器整合在一起，以实现战略目标。组织级项目管理使得一个组织可以利用其结果和实施的成功，在竞争激烈和快速变化的环境中支持强大的组织。

组织要设定一些目的，引领它朝着它的愿景前进；同时这些目的要有目标，包括目的实现的测量步骤。项目组合组件的执行应着眼于实现这些战略目标，并最终实现组织的目的。

一旦项目组合组件被授权，项目集经理或项目经理就获得直接管控项目组合组件的权力，并且应用管理流程来完成工作。一个尽责的项目集或项目经理将监控计划的与实际的绩效，并向项目组合经理提供持续的反馈。

项目组合的组件不是孤立存在的。每个项目组合包括不同的组件，是相关组件构成的整个组织系统的一部分，每个项目组合同时又是整个组织系统的一部分。

项目组合管理从业者在复杂的环境中工作，在这种环境中，具有重叠而又经常冲突的利益。在这样的条件下，从业人员常常受到信息过载和行动信息不够充分的挑战。为了理解这样的环境，并且有能力来预测行为，有必要将项目组合视为一个系统来研究。项目集和项目都是交付变更的临时性工具。

因此，系统的观点能让人更好地理解变更动议的目的和交付这些目的的工具，即项目组合的组件。

将项目组合管理与组织战略和战略业务执行相连接的最终目的，是要建立一个平衡的、现实的计划，帮助组织实现其目的。项目组合管理计划对战略的影响是通过六大绩效域及项目组合生命周期来实现的，如图 1-3 所示。

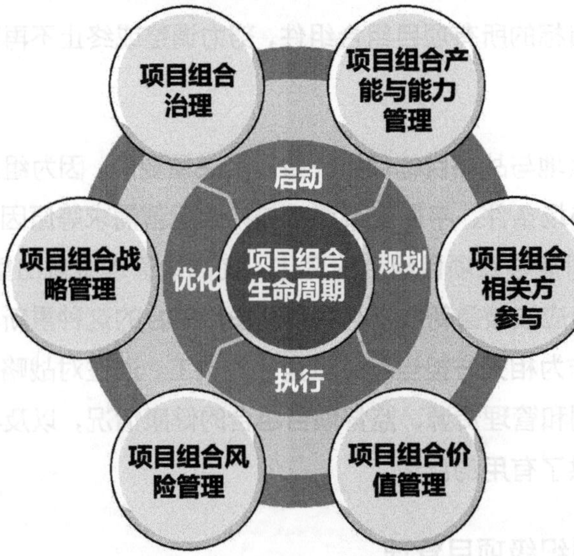

图 1-3 项目组合管理绩效域

六大项目组合管理绩效域代表了一系列良好实践。下面提供了每个项目组合管理绩效域的简要描述，包括项目组合生命周期。在本标准的后续章节中会做进一步的详细说明。

◆ **项目组合生命周期（第 2 章）**项目组合是对组织资源的重大投资，如同项目集和项目，项目组合也会经历一个生命周期，包括启动、规划、执行和优化。在当今不断变化的环境中，通过平衡稳定性和适应性对项目组合生命周期进行坚持不懈的管理，对于项目组合管理活动来说至关重要。

◆ **项目组合战略管理（第 3 章）**每个项目组合的组件都需要与一个或多个战略目标保持一致，并且应该持续监督项目组合的积极影响。这正是在项目组合管理背景下术语“战略管理”所表达的含义，而且它要通过清晰地理解战略目标和关乎这些目标每个组件有多重要来予以实现。在项目组合中包含某一组件的任何提案，都应该阐述它如何支持预期的商业价值的实现。

◆ **项目组合治理（第 4 章）**通过开放和透明的治理，包括对项目组合组件的分类、优先排序、选择和批准过程，关键相关方更有可能接受决定并同意这个过程，即使是在他们并不完全赞同所做决策的时候。

◆ **项目组合产能与能力管理（第 5 章）**项目组合组件的选择和它们实施的路线图，都要比对组织当前的产能与能力和引进额外资源的潜能来予以平衡。从项目组合视角出发，考虑未来的规划，按需要开发产能与能力。在比对运营组件向项目集和项目组件提供资源并且进行平衡时，这一点尤为重要。

- **项目组合相关方参与（第 6 章）关键相关方需要积极的期望管理。**通过保持一致并持续联系，项目组合可提高交付价值的可能性。积极沟通是一个主要的工具，通过它，信息的交换、透明度的提升和相关方的认同都能得以实现。
- **项目组合价值管理（第 7 章）**项目组合价值管理使项目组合中的投资能够像组织战略所定义的那样收获预期的回报。在整个组件执行期间以及组件关闭之后，都需要对价值的贡献和维持进行监督。
- **项目组合风险管理（第 8 章）**项目组合风险管理在项目组合层面上评估风险（积极/机会，消极/威胁），并且考虑这些风险会如何影响项目组合战略计划和目标的实现。这就需要在项目组合内外部环境下都要一贯地监督不确定性。

1.9 项目组合的组件及其相互关系

项目组合是一个系统或一系列被称为项目组合组件的实体，加上这些组件之间的相互关系构成的集合。项目组合组件有一个共同的目的：实现组织的战略目标。相对于组织的其他系统，项目组合系统被作为整合在一起的整体来管理。

作为一个项目组合系统，项目组合的层次关系导致项目组合和项目组合组件间是一种父子关系，就像项目集与其项目间的父子关系一样。因此，项目组合组件同样需要基于标准进行管理，如《PMBOK®指南》（第 6 版）和《项目集管理标准》（第 4 版），并且要对项目组合组件进行周期性测量，以判断其实现目的的可能性。

一个更大型的项目组合可能包含子项目组合，在子项目组合中包含项目集、项目和运营的组件系列，将它们组合在一起管理来实现战略目标。子项目组合可以以不同的原因存在，包括分组管理、可用资金、客户需求、进度、资源、相关方、不同的发起人等。

1.9.1 项目集管理

项目集管理是在项目集中应用知识、技能、工具和技术，来满足项目集的要求并且获取单独管理各个项目所无法获取的收益与控制。它涉及校准多个组件来实现项目集目的，并允许优化或整合成本、进度、努力或其他参数。虽然项目的收益往往在项目结束后才出现，但是某些收益能够在项目集生命周期期间伴随着项目集终点内的单个项目而显现出来。

项目集内的组件通过共同的产物或共同交付一系列收益而关联在一起。如果项目之间的关系仅限于共享客户、卖方、技术、资源等内容，则应将其作为多个独立项目的项目组合，而不是作为项目集来管理。在项目集中，重要的是要整合和控制组件之间的相互依赖关系。项目集经理通过以下五个相互关联、相互依赖的项目集管理绩效域来实现这一点：项目集战略一致化、项目集收益管理、项目集相关方参与、项目集治理、项目集生命周期管理。通过结构化的治理职能和绩效域，项目集管理使适宜的组件相互依赖成为可能，从而帮助确定管理它们的最优方法。

通过结构化的监督和治理，项目集管理可以跨越整个项目集的各个组件，进行适当的规划、控制、交付、移交和收益保持，以实现项目集的预期战略收益。项目集管理提供了一个框架，用于考虑一些关键要素来管理相关工作，如战略收益、协调规划、可能产生新的紧急问题与风险的复杂的相互依赖关系、可交付成果的整合、资源池和优化的节奏。

1.9.2 项目管理

项目管理是指将知识、技能、工具和技术应用于项目活动中，通过提供项目可交付成果来满足项目需求。它是通过适当地应用和整合为该项目所识别的项目管理过程来完成的。具体的项目环境可影响项目经理需要关注的制约因素。

管理项目通常包括：

- 识别、分析、文档化需求以及为需求排序；
- 在规划和实施项目时，处理相关方的各种需要、关注和期望；
- 建立和维护与相关方的积极沟通；
- 平衡竞争的项目制约因素，包括但不限于项目的范围、质量、进度、预算、资源和风险；
- 成功产出和交付项目可交付成果。

这些因素之间的关系是，如果任何一个因素发生变化，至少有一个其他因素可能受到影响。例如，如果进度被压缩，预算通常会需要增加，以便增加额外的资源在更短的时间完成同等数量的工作。当预算不可能增加时，范围可能缩减，或质量可能降低，以便在更短的时间里以同样的预算交付产品或服务。

项目相关方可能对哪个因素最重要有不同的想法，这将是一个更大的挑战。更改项目需求可能造成额外风险。项目团队应该有能力评估处境、平衡需求，并且保持与相关方的积极沟通，以便交付一个成功的项目。对项目团队而言很重要的一点是，必须意识到项目的成功如何能与组织对成功的测量融为一体，这可以作为项目组合管理过程的一部分被传达清楚。

由于潜在的变化，项目管理计划是迭代的，并且要通过渐进明细来贯穿整个项目的生命周期。渐进明细要求有更详细和具体的信息及更准确的估算数据可以被使用，要持续不断地改进和细化计划。根据所选择的项目管理框架（预测型、适应型或两者的结合），渐进明细允许项目管理团队伴随着项目的进展，解决并适应紧急问题和风险，生成合适的风险响应计划，并且管理更详细的细节。

1.9.3 运营管理

运营是指负责对可重复的，通常是周期性的组织的日常活动进行规划、协调、提供资源和控制的业务职能。该业务职能被称为例行业务（Business as Usual，BAU）。运营管理由各种程序和相关任务构成，包括拥有授权路线的角色、授权层级、报告机制、升级，以及在制约因素和风险下，决定如何从可用的资源处实现最大的价值。

当活动的持续模式有变更的倾向（如受外部因素影响），或者它可能通过自主决定应用变更而被改进时，项目组合中的资源会转移到项目和项目集中。一些项目可能被进一步组合成项目集（作为其预期收益或共享资源间关联的结果），进而由于它们部分或全部的进度、资源、相关方或战略目标间的关联而纳入项目组合。

运营变更型项目组成的项目组合，把作为项目来管理的重复活动的子集与组织战略联系起来。当这些活动被执行并交付结果时，就可以为执行组织战略型项目组合组件奠定坚实的基础。

运营规划的输出和组织战略，以及项目组合的目标结果指导项目集与项目活动。随着项目组合组件开始启动，各部分使用各自的管理实践来管理可交付成果。伴随着项目组合组件的执行，项目组合管理通过维护各项目组合组件的关系，来监控进程、采取纠正措施（如果需要），并且保持其与战略目的的一致性。因此，在最高层级上，战略化的和运营的项目组合组件最终都会被当作一个综合的项目组合工作来管理，由组织来承担。这种将运营组件与组织变革动议（项目集组件和项目组件）相结合的变革一体观，优化了对组织资源的有效平衡。

1.10 项目组合经理的角色

项目组合经理负责建立和实施项目组合管理。项目集和项目经理首要关注“正确地做事”，项目组合经理首要关注“做正确的事”。项目组合治理使“正确的事”能够在正确的时间以所分配的充分资源来执行。治理机构通过为其制定指导方针来建立项目组合、项目集、项目的治理，同时将它们与组织战略联系起来，并且验证整个结果。此外，项目组合经理负责确保项目组合组件之间适宜的沟通和协调。

项目组合经理通常扮演许多重要角色，时常是项目组合管理原则、过程和实践的架构师、促成者和引导者，以及担当项目组合分析师的角色。作为架构师，项目组合经理与他们组织的同行一起评估项目组合管理计划，评估和定义所需的技能，设计适当的过程，并相应地调整这些过程。作为促成者，项目组合经理可能要寻求方法持续改进所应用的项目组合管理过程，并且调整项目组合组件，以更好地与战略中的变更保持一致，确保与组织持续相关。作为执行模式的引导者，项目组合经理管理项目组合管理过程中的日常运营工作，这包括：

- ◆ 向项目组合治理机构传达整个项目组合组件如何与战略目标相一致或调整为相一致；
- ◆ 依据战略指令获得项目组合的影响和创造的价值；
- ◆ 提供适当的建议或行动方案；
- ◆ 影响与管理资源分配过程；
- ◆ 监管或与项目组合组件经理就实施进行协调；
- ◆ 接收项目组合组件绩效和进展方面的信息；
- ◆ 向高级管理层汇报项目组合进展。

项目组合经理为平衡（如短期与长期、或者风险与回报）而评审项目组合，并且与相关的战略相关方（如高级管理层、运营方）协商共识。项目组合经理还对项目组合组件进行排序，以解释项目组合组件的依赖性及其影响，平衡受约束的资源和其他组织所考虑的因素。此外，项目组合经理确保项目组合管理过程的时间表能够被维护和遵守，并且项目组合组件的经理（子项目组合、项目集、项目和运营）接收并提供项目组合管理流程所需的信息。项目组合经理是项目组合组件经理与项目组合相关方之间沟通的主要渠道。

项目组合经理定期传达信息并推荐治理行为和决策的标准，如决定在原计划完成日期之前何时项目集和项目应该执行、重新排序、改变以适应战略变化、终止或暂停。项目组合经理也会向项目组合治理机构提出适当的建议，包括关于组件的特定指令和项目组合实践改进，以确保将预期价值交付给组织。

项目组合经理需要意识到项目组合是如何与组织愿景、使命和战略目标相关的，并且识别、评估和衡量项目组合为组织目标增加的商业价值。在整个项目组合生命周期中，项目组合经理应该能够管理风险、监控和排序项目组合组件，解决需要高层关注的问题，开发和改进流程，并且应用组织知识和管理技能。此外，项目组合经理应该能够有效地管理组织的资源，及时为相关方的沟通需求提供信息。

为了成功地发挥这些作用，项目组合经理应该具有 PMI 人才三角®模型所描述的能力（技术项目管理技能、领导力，以及战略和商务管理专业知识），能够形成和领导专家团队，并具备以下所有方面的专业知识：

- **项目组合战略管理和一致性。**项目组合经理应该理解和监控组织战略和目标的变化，并且意识到项目组合如何支持它们。要同时考虑财务和非财务收益及对组织的风险情况。项目组合经理还应具备业务分析能力和财务知识。
- **项目组合管理方法和技术。**项目组合经理应该具有应用和分析项目组合管理方法和技术的专业知识，包括由组织领导规定或口述的定性和定量测量。此外，各种项目组合管理工具可以帮助将项目组合组件与战略目标对标。这样的工具提供了有价值的方法，可以组织、排序和归类与项目组合组件的绩效及对项目组合治理的有效性报告有关的有价值的信息。
- **相关方参与。**高效的项目组合经理应该擅长与项目组合相关方合作来最大化项目组合和组织的绩效。项目组合经理应该使用适合语境的模式和技术与相关方顺畅地沟通。项目组合经理应促进相关方之间的沟通，以协商协议、解决冲突，并且做出及时和敏捷的项目组合决策。
- **领导与管理技能。**一个高效的项目组合经理应该具有良好的领导力和管理技能，能够与高级管理人员、管理层和其他相关方互动，而且应该善于通过招聘和留人、目标设定、绩效评估、奖励与认可、接班人规划和员工发展等方式来管理人员，并且应该具有高度娴熟的沟通技巧。员工发展可以包括辅导、教练、激励和人员培训。
- **风险管理。**一个高效的项目组合经理应该管理组织内部和外部的风险。对于风险评估，要考虑项目组合的动态，如财务制约、成本—收益、机会窗口、项目组合组件制约、变化的项目组合环境条件（如市场变化），以及相关方动态。
- **组织变革管理。**一个高效的项目组合经理应该管理变革对组织的影响。要在项目组合、项目集和项目层面度量变革准备情况，在每种情况下，度量的级别和范围将有所不同，取决于系统、技术、相关方、可交付成果、预期的收益等。变革准备情况可以由项目集和项目经理来评估，但最好在项目组合层面进行。
- **系统思考。**这种方法涉及理解项目组合的不同组件是如何相互关联和相互依赖的。它暗含着一种能力，可以思考通过选择哪些组件有助于实现组织战略，这是一种“自上而下”的方法。而且，系统思考能提高能力来可视化每个组件对项目组合战略目标的贡献/价值，这是一种“自下而上”的视角。系统方法可能促进正确选择必要的组件来执行项目组合，辅之以适当的资源分配，并且确保所选择的组件与实现组织的业务目标方向一致。

1.11 项目组合管理中的其他角色

本节总结了项目组合管理中的其他重要角色，包括：

- 发起人；
- 项目组合机构；
- 项目组合、项目集和项目管理办公室（PMO）。有时会创建一个整个组织的项目管理办公室，通常被称为企业级项目管理办公室（Enterprice Project Management Office, EPMO）；
- 项目组合分析师；
- 项目集经理；
- 项目经理；
- 变更控制委员会；
- 项目集和项目团队成员；
- 主题专家、业务分析员和包含在项目组合中负责运营的职能经理。

某些组织会聘请项目组合分析师与项目组合经理和企业级项目管理办公室紧密合作。项目组合分析师可以有如下职责：(a) 识别和追踪项目组合组件之间的相互依赖性并促进其在项目组合级别上被解决/管理；(b) 识别项目组合管理过程的差距，推荐改进方案并帮助实施。项目组合分析师的角色可以与其他角色相结合并进行相应的裁剪，以满足组织的需求。此外，很多组织会有一个变更控制委员会，在实践中作为项目的指导委员会发挥作用。在许多组织中，拆分项目发起人、项目指导委员会和项目组合治理之间的职责是一个重要的问题。

1.11.1 发起人

发起人是一个或一组人为项目组合提供资源和支持。如果是一组人，则应该清晰界定个人责任。项目组合的发起人通常会参与到项目组合治理机构中。发起人对资源分配和促成成功负责。发起人拥护项目组合和/或项目组合组件（项目、项目集、子项目组合和运营）的批准权，并对项目组合的最终成功负责。

在项目组合层面，发起人是整个项目组合的捍卫者，应该在项目组合及其流程的建立和持续管理方面与项目组合经理密切合作。一旦项目组合组件被批准，发起人要帮助项目组合经理确保组件按照组织的战略与目标执行，发起人还要支持项目组合管理，建议对项目组合和项目组合组件进行变更或关闭，以便与组织的战略变更相一致。发起人应该警惕项目组合组件的任何变化，这些变化可能影响战略目标的实现，而项目组合必须不断调整来与战略目标相一致。

1.11.2 项目组合治理机构

项目组合治理是由治理机构建立的框架、职能和过程，由组织设定，用来指导项目组合管理活动，并且对项目组合的投资和优先级做出决策，确保项目组合管理过程被遵循。对项目组合经理而言，来自项目组合机构的领导力与发起身份至关重要。项目组合治理机构由一个或多个具有必要权限、知识和经验的个人组成，以确保项目组合组件与组织战略相一致。有时，项目组合治理由对项目组合治理有特定责任的小组织执行（例如，项目组合组件的选择/优化、投资决策、监管项目组合进度、变更审查委员会就变更建议做出决定）。该治理机构通常有权评估项目组合的绩效，并根据需要进行资源、投资和优先级决策。变更建议可以包括新的项目组合组件、暂停或更改现有的项目组合组件，以及在项目组合组件之间重新分配资源。这些建议可能是复杂的，具有显著的组织约束，特别是关于资源的重新分配。通常，项目组合治理不仅提出建议，而且要对其批准过程负责。项目组合治理对项目组合决策至关重要。它通知和指导与战略一致化、投资和优先权的设定有关的决策。适当的治理是履行职责、优化投资、向决策者升级问题和改善沟通的基础和关键。

1.11.3 项目组合、项目集和/或项目管理办公室

术语“PMO”指的是项目组合、项目集和/或项目管理办公室。不同的 PMO 分别支持项目组合、项目集和项目职能。在项目组合层面，PMO 可以被称为企业级项目管理办公室（EPMO）或卓越中心，是一个提供多种能力和流程、支持项目组合管理的组织实体。可能包括以下部分或全部：

- 识别、分析、协调、谈判、监督和控制项目组合组件；
- 支持组件提议和评价；
- 促进排序、授权、终止组件，以及促进与组织战略和目标相匹配的资源分配；
- 开发和维护项目组合、项目集和项目框架和方法论；
- 管理有关项目管理原则的知识，包括良好的实践和经验教训；
- 利用关键绩效指标（Key Performance Indicator，KPI）（如支出、缺陷、资源）为项目组合治理过程提供项目集和项目的进度信息和计量报告；
- 管理，包括监督和控制，例如，整个项目组合的规章制度/治理的合规性和收益的实现；
- 协助风险策略制定和风险识别，并且沟通与项目组合组件有关的风险和问题；
- 协调跨组件的沟通；
- 开发和实施在项目组合管理技能、工具和技术方面的人力资源培训和指导。

项目组合管理办公室的核心和具体的职责就是集中管理和协调处于其控制之下的项目组合。其职

责范围可以从提供项目组合的支持功能到实际管理项目组合。通常，在这种情况下，项目组合经理也是 PMO 的负责人。项目组合管理办公室的结构和功能随着组织的需要而变化，如 PMO 生命周期、PMO 模式和 PMO 关键成功因素。

项目组合管理办公室可能在整个项目组合生命周期中都担当相关方，并可以建议选择、终止或发起必要的行动，以确保项目组合与组织的战略目标保持一致。

项目组合管理办公室可以为项目或项目集管理办公室提供以下服务：

◆ 定义和开发项目组合管理策略；
◆ 提供项目组合监管，管理整体项目组合价值和项目组合组件的收益；
◆ 定义项目组合愿景和使命陈述、管理结构、方法论、最佳实践和标准，作为在形成项目和项目集管理方法论和标准时的指导方针来使用；
◆ 基于预定义的测量标准，汇总和提供项目集组件的绩效结果；
◆ 在项目组合层面识别风险，分析风险，规划风险应对；
◆ 预测项目组合的供求关系，优化项目组合的资源配置，对每个项目组合组件的供需进行分析和分解。

项目或项目集管理办公室的角色、职责和活动参见相关的 PMI 标准：《PMBOK® 指南》（第 6 版）[1] 以及《项目集管理标准》（第 4 版）[2]。

1.11.4 项目集经理

项目集经理负责确保整个项目集结构和项目集管理过程与项目组合管理计划相一致。项目集经理确保项目集交付预期的收益，项目集管理的详细信息可以参考《项目集管理标准》（第 4 版）。

项目组合管理通过提供决策所需的信息来支持项目集经理。该信息通过提供管理进度、预算、风险及有效的项目集管理所需的其他领域的行政支持，来指导项目集。

项目集经理与项目组合经理、项目组合管理团队和/或项目组合管理办公室合作，提供信息，如针对目标的项目集表现。

1.11.5 项目经理

项目经理负责根据相应的目标和规范，有效地启动、规划、执行、监控、收尾项目组合内的指定项目。项目集和项目团队成员对每个项目组合组件的成功执行履行特定职责。项目管理的详细信息可以在《PMBOK®指南》中找到。项目经理直接或间接地向项目组合经理、PMO 或治理机构提供项目绩效指标。此信息与其他标准一起使用，以监督每个项目组合组件的进展，并且获得整体项目组合进展、问题、假设及从组件依赖性中显露出的风险。此外，这些信息对于确定哪些项目应该继续执行、修改、暂停或终止，以及如何与相关方进行沟通都是有价值的。项目组合框架中进一步的关键管理角色在第 1.11 节已列出，每个组织的运营经理都拥有从成功实施的项目组合组件来实现结果和收益的角色。

第 2 章

项目组合生命周期

本章提供了项目组合生命周期方面的信息，主要包括如下内容：

2.1 概览

项目组合生命周期是在一个持续的时间框架内，发生在一系列项目组合、项目集、项目和运营上的持续的过程与职能。在当今的全球性市场中，项目组合生命周期需要灵活适应来自内部与外部所有具有影响的、不断变化着的需求，从而组织才能够保持竞争力和财务的稳定性。在生命周期中可能存在一个或多个项目组合。如果存在多个项目组合，在管理方面，它们可能在现有的治理结构内被集中或分散。例如，某个研发项目组合可能被分散管理，同时另一个项目组合却可能被集中管理。管理一个项目组合所需的控制，应该能灵活地适应多个项目组合场景的复杂性。项目组合组件的选择与授权可能是阶段性（如年度）规划或战略评审的一部分，伴随着每季度和/或每月度的更新。一旦立项，项目组合管理就是个持续的行为。项目组合的绩效监督是持续进行的。当组织发生变革时，可能需要对项目组合组件做出调整。项目组合管理始于每个项目组合的启动，并可能一直持续下去或直到该项目组合被关闭。

战略规划、组织的绩效标准以及产品和服务的设计，都是项目组合生命周期的关键输入要素。这些要素的基础是透彻理解项目组合对组织的价值。从所有的视角（组织、客户、其他相关方）定义从项目组合职能、产品和服务中所获取的价值，有助于消除非增值的项目集、项目或活动。价值应该被映射出来，来理解哪些增值的项目集、项目和活动对公司的战略目标是至关重要的，以及相反地，哪些很少甚至根本没有收益。

2.2 指导原则

本标准第 1.7 节所描述的项目组合管理指导原则影响着项目组合生命周期的所有阶段。源自生命周期每个阶段内各原则的具体影响，在第 2.3～2.5 节中阐述。

2.3 持续的生命周期

项目组合不间断的生命周期由几个阶段组成：启动、规划、执行与优化。伴随着项目组合在其生命周期历程中的进展，信息和决策在这些阶段内和阶段间传递（见图 2-1）。这是持续的，但并不必然按顺序进行。例如，一个项目组合可能要反复进行几轮规划，然后才在大量的内部与外部因素的基础上，转入一个短时间框架内执行。在相同的业务变更生命周期内，随着增加或剔除/修改项目组合组件，项目组合可能会被“刷新”。当考虑到自上而下的一致性时，在每个业务变更生命周期结束的时间点上，项目组合被评审时都可能重新规划。在项目组合内的所有阶段，包括启动，都要能适应环境变化，是灵活而又顺畅的。伴随着在项目组合生命周期内管理决策的制定，项目组合可能会被改变和更新，以适应内部和外部因素。例如，如果某个新的治理法则在阶段性规划后生效，项目组合管理团队可能就不得不调整管理计划来对正新的法则要求。图 2-2 展示了每个阶段可能发生的主要活动。

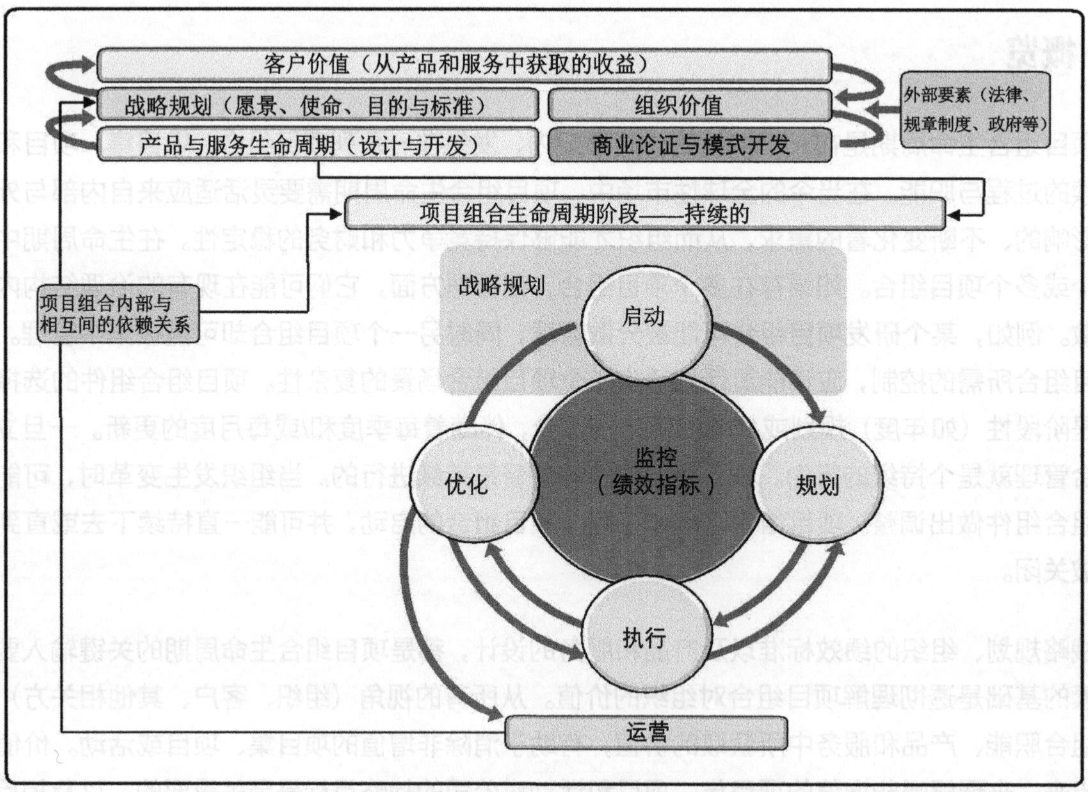

图 2-1　项目组合生命周期中的信息与决策过程（示例）

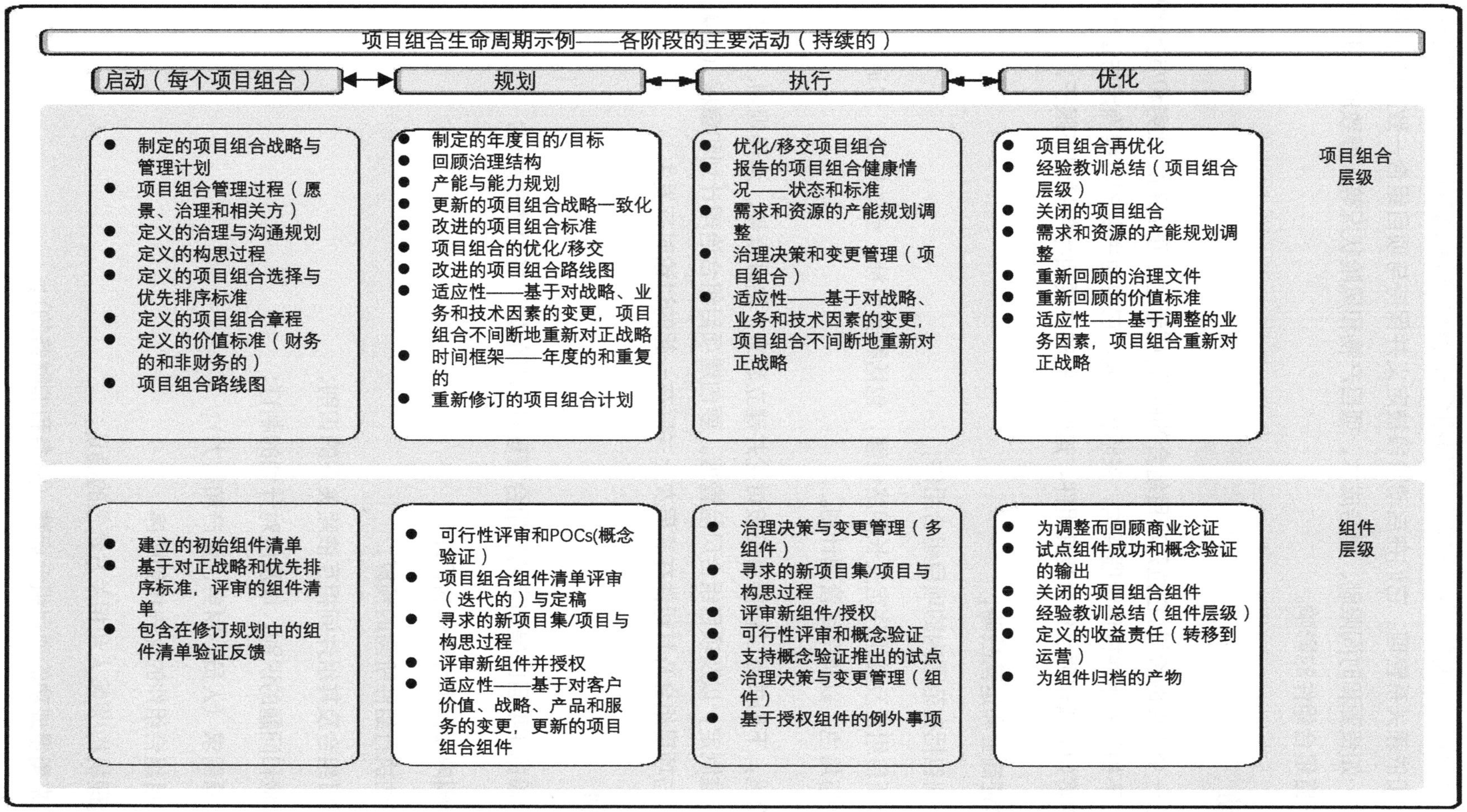

图 2-2　项目组合生命周期主要活动示例

支持过程是组织特有的，被用来保持项目组合与治理控制和测量相一致。这些支持过程包括沟通、财务、风险和依赖关系管理。它们在启动阶段被定义并保持与项目组合一致。依赖关系管理主要关注由各种因素，如资源和时间限制、财务成本、项目产物和风险状况等，导致的对项目组合组件的影响和来源于项目组合组件的影响。

2.3.1 启动

启动是一个重要的阶段。它拉开项目组合的序幕，或者通过正式确定业务和/或组织的目标与目的，或者为以前不相干的组件提供管理架构，来昭告众人。它要为主要的过程确定方法和原则，定义在整个生命周期将如何管理项目组合及其组件。这个阶段的主要目标包括但不限于：

- 验证商业和运营战略；
- 识别包括在范围内的项目组合组件；
- 为项目组合及其组件定义长期路线图，包括财务目标、绩效标准、沟通、治理、相关方的定义与角色，以及持续管理计划。

在此阶段，下列关键过程要首先被讨论并建立起来：治理框架、沟通规划、优先排序指标和项目组合绩效标准制定，以及项目组合风险管理。要创建项目组合治理计划和章程（见第 3 章）。关于组织战略如何与项目组合及其组件在高层次上关联在一起的讨论时有发生。

2.3.2 规划

规划阶段的主要目的是制定项目组合管理计划并就如下各项达成共识：

- 范围内项目组合组件的管理；
- 成功执行组件所需的预算；
- 项目组合及其组件间相互依赖关系的识别；
- 风险和问题的识别，以及应对计划的制订；
- 资源需求（人员、财务、资产和智力）；
- 项目组合组件的优先排列顺序；
- 治理机构/发起人和相关方责任的确认；
- 用来衡量成功的项目组合标准（财务和非财务的）；
- 项目组合内的组件范围；

◆ 产品和/或服务的需求与规范。

在阶段性的项目组合战略规划期间，项目组合的业务模式要被重新回顾，来确保它与客户的价值/收益和商业/组织的战略目标保持一致。作为结果，会发生项目组合的初始优化，因为在此阶段项目组合会被正式对正战略。项目组合标准要被评审，来确保它们能在顾客、战略和财务层面上与现实的目的/目标联系在一起。在启动阶段达成共识的现存组件会被评审得更加详细，包括范围、时间表、预算、涉及的风险、资源的需求（人员、财务、资产和智力）和相互依赖性。

另外，以被引入的新组件及上次战略评审以来它们的绩效情况为基础，要评审优先排序标准。基于这些标准，变更得以被提出并被评审。资本的需求要与可用资金和需求进行对比，并且要基于项目组合的需要建立资源产能计划。在重新规划期间，项目组合会被再次评审。组件，包括子项目组合，都要在组织需要的基础上进行修正。最后，以各组件当时的相关状态及项目组合整体的风险和/或问题为基础，评审并更新项目组合管理计划。

2.3.3 执行

执行阶段的主要目的是：

◆ 领导每个项目组合内所有组件的交付；

◆ 积极管理和解决项目组合及其组件之间（有相互依赖关系的）和内部的风险与问题；

◆ 引导项目组合和组件的沟通（包括在各个层级上的状态汇报）；

◆ 根据需要，重新排序和变更子项目组合（监督和控制）；

◆ 以组件交付为基础监督收益实现的潜能；

◆ 管理给项目组合的有限资产和资源。

项目组合的执行是通过其各个组件和运营来实施的。项目组合的健康情况通过日常的状态报告及对规划阶段所制定的组件绩效标准的评审，来予以汇报。提出的变更要基于持续的组织需要来进行评审。组织环境中的变更可能迫使组件优先顺序要重新排列或者引入新组件。这些新组件要在未经计划的关键需要（内部或外部的），或者概念、试验或可行性研究及验证的基础上，根据需求予以评审。

2.3.4 优化

优化是通过最大化可用的条件、制约因素和资源，使项目组合尽可能高效的过程。通常，项目组合优化的主要目的是确保可用的人员、材料和财务资源被最好地应用于余下的项目组合的适宜组件。尽管有些组织会安排定期的优化过程，但在增加或关闭组件时，这个活动通常被触发。在此阶段，项目组合经理要促进与相关方的探讨，来确保余下的组件实现预期的收益。

虽然每个结束组件的经验教训总结并不是这个过程的一部分，但其结果可能会给讨论增加价值。类似地，那些已经移交给组织运营工作的组件所实现的收益，也可能会为优化提供可信的证据。

2.3.5 监督与控制

监督与控制是为了监督项目组合绩效，并且对项目组合的组件组合和项目组合组件绩效提出变更建议，从而使其符合组织标准而进行的关键支持活动之一。监督与控制的目的，就是要了解何时需要对项目组合或项目组合管理过程做出变更。这个过程包括执行、记录和沟通决策和采取行动。

2.4 项目组合管理信息系统

项目组合管理信息系统（Portfolio Management Information System，PMIS）包括用来收集、整合、可视化、保留与分发组织的项目组合管理输出的工具与技术。它被用来支持项目组合管理的各个方面，可能会与业务管理工具（组织的企业资源规划系统、业务流程管理系统、测量与优化业务流程的工具、流程建模工具等）整合在一起，取决于组织的需求，可能是手工的，也可能是自动的过程。

这些系统通过关键的绩效指标和目标的收集、分析与汇报给执行管理层，支持整个组织的可视化、标准化、测量和过程的改进，进而可能促成有效的决策制定。对项目组合治理而言，PMIS 是个有力的工具，因为它提供了透明性，并且澄清了项目组合范围内的角色与职责。

自动化工具可能包括商业化的项目组合管理应用，以及带有与其他的组织自动化系统交互界面的信息收集与管理系统。在组织成熟的早期，有时 PMIS 只是一系列的数据表格而不是自动化工具。有效的 PMIS 系统使项目组合经理能够定义、分析、设计、生成、收集和整合必要的数据要素，来管理和支持一个成功的项目组合。它为汇报所有以项目为基础的工作提供了一个集成的系统方案，并且会与整个组织的管理信息系统互相连接起来。PMIS 包括很多工具与过程，例如：

- 带有组件、依赖关系、责任人及其他相关方等的项目组合的类别；
- 为执行层汇报管理决策所用的集中化仪表板（用来追踪的关键绩效标准）
- 用自动化软件工具来替代手工的过程；
- 集中的在线文件库和版本控制；
- 变更或配置管理；
- 升级沟通的工作流管理和文档；

- 关于项目组合风险、问题、假设条件和依赖关系的历史与当前信息；
- 与其他应用和整体的业务流程管理工具的整合；
- 财务管理过程和系统（如预算追踪）、成本控制与进度控制过程和系统（如挣值管理），以及企业的资源规划工具（包括能力、成本和进度）；
- 风险数据库和相关的分析工具；
- 问题数据库和相关的分析工具；
- 沟通管理过程与工具；
- 业务过程管理工具。

应该注意的是，在所有的管理工具之间的整合对于整个组织的信息和知识的有效性、沟通的统一性起着重要的作用。

PMIS 需要一系列综合的、被文档记录的、动态的项目组合管理政策、过程、工具、计划和控制。适当实施时，PMIS 会提供方向并整合来自各个项目/项目集管理系统的信息。高效 PMIS 的应用，提供了一个方法来例行性地分析和量化每个项目组合组件所附加的价值，并且为项目组合组件的评估与排序提供输入。

PMIS 特别允许项目组合经理回答一些问题，例如：

- 哪个项目组合组件将会最好地支持组织的商业战略与目的？
- 是否有某个项目集或项目会像项目组合指标所显示的那样提供预期的商业结果？
- 每个项目组合组件都拥有适宜的资源，包括具备合适的技能的人员吗？
- PMIS 反映了真实的项目组合整体状态，并且是决策制定的最终来源吗？

综合的 PMIS 既应该支持项目组合组件处理持续不断的绩效挑战的那些过程，同时还要支持致力于项目组合演变的那些过程，包括新项目的选择和项目组合组件的终止程序。

2.5 项目组合生命周期内的治理

在项目组合生命周期的早期，开发项目组合的治理框架——组织治理的一个整合部分是个关键步骤，这可能是组织做出的最重要的决策之一。

为了确定在组织中所需要的项目组合治理的严谨性和级别，有几个因素要考虑，包括：

- 项目组合内的组件类型及所需的子项目组合数；
- 法律或规章制度型项目集和项目，通常需要严格地治理；
- 支持治理（文档、沟通和内部审计过程）的管理资源水平；
- 以组织在特定时间点上的商业战略本质为基础，项目组合要具有适应经常变化的市场需求、技术变革等所需要的敏捷力；
- 以一个组织的规模与范围（如全球化的、国内的或仅是本地的）为基础，所需的集中与分散治理；
- 为成功执行项目组合组件所需的治理与资源（过程、整合的工具与技术、最佳实践）所在的地点；
- 由定期评审项目组合组件组成的审计，包括内部的和外部的（如治理或法律机构）；
- 绩效标准，包括财务的、非财务的和项目组合所关注的。

作为项目组合治理框架的一部分，要研究项目组合组件所带来的复杂度，而且应该在标准化框架的基础上规划并遵从复杂性导航。

在项目组合生命周期的早期就制定项目组合治理框架是至关重要的。项目组合组件的治理框架需要与项目组合的治理框架保持一致。从一开始就以最佳的严谨水平、毫无重大延误地正确建立治理，使现有的项目组合组件达成最大的收益，可以更加高效。治理延误的某些事例，可能与项目组合管理的低效或缺乏来自高级管理层相关方的参与来确保现有的治理是全面综合的有关。这种挑战向下传递的影响有可能包括沟通隔阂、财务/资源的优先级冲突，或者糟糕的风险管理。项目组合的治理将在第4章中做进一步探讨。

第 3 章

项目组合战略管理

项目组合战略管理是管理那些通常会在执行层面上识别出的预期的和紧急的动议，并且提供一个特别的结构，在此结构下执行项目组合管理。它支持战略思考，是高效的组织或业务单元的基础。战略思考，简单地说，意味着问“我们在做正确的事情吗”；确切地说，意味着评估事情是否应用以下三大关键要求来进行：

- 深刻地理解了相关的环境；
- 所有的项目组合组件都充分地与组织的愿景和价值保持了一致；
- 在制定高效应对措施方面有创造性，来推动和改变实现目标的影响。

在项目组合的背景下，战略思考要在战略性的项目组合管理计划中获得。本章提供了项目组合战略管理方面的信息，主要包括如下内容：

3.1 概览
3.2 指导原则
3.3 项目组合的战略目标
3.4 制定项目组合的战略目标
3.5 战略风险偏好
3.6 项目组合章程
3.7 项目组合路线图
3.8 关键的项目组合组件
3.9 项目组合的优化
3.10 管理战略的一致化

3.1 概览

战略管理与项目组合管理保持一致，使组织的行动能够一贯地符合高级管理层和相关方的期望。没做到这一点，就会有很高的风险。项目组合可能与整体的战略不匹配，从而其承载的项目集/项目增加的价值会很小，甚至没有，肯定会比期望的价值低。项目组合的战略管理应该被视作一个双向的过程。除了在执行层面上要持续地监督战略和投资决策，还应该就这些战略决策和潜在产物的影响及可实现性提供反馈。

3.2 指导原则

为了成功地管理项目组合，需要采取一个真正考虑到组织战略计划、目的和目标的战略方法。不像在项目集或项目管理中那样，在战略管理方面，项目组合经理需要保持一个长期的愿景，以便在其他组织考虑的事项之间执行有效的决策制定、风险管理和价值管理工作。第 1.7 节中所列出的所有原则，对战略管理而言都非常重要。然而，下列各项尤其适用于该领域：

- ◆ 在战略执行方面实现卓越；
- ◆ 确保项目组合组件中的投资与组织的战略和治理实践保持一致；
- ◆ 比对总体风险来平衡项目组合的价值；
- ◆ 培育拥抱变化和风险的文化；
- ◆ 驾驭复杂性，获取成功的结果；
- ◆ 持续获取人才并实施专业的人才管理。

战略管理不仅仅监管项目组合组件的绩效，它还发挥着重要的作用，就组织战略的成功和组织长期目的与目标的可实现性向所有相关方提供反馈。

3.3 项目组合的战略目标

项目组合的战略规划过程包含制订项目组合的战略计划，以及保持项目组合的战略管理与组织的战略和目标一致。项目组合的战略计划阐述了项目组合管理生命周期的关键组件，描述了关键的启动决策、规划标准、治理与优化的考虑事项，以及执行要素。项目组合的战略计划被用来校准组织的和财务的结构，保持与优先级、使命和目标一致。通常，项目组合的战略计划包括愿景和使命陈述、组织的长期项目组合目的与目标的描述，以及组织计划达成这些总体目的与目标所用的方法。项目组合的战略计划还应该提供绩效指标和目标度量，从而允许评估战略的持续一致性并追踪在实现战略目标方面的进展。项目组合战略计划还可以识别出那些可能影响项目组合长期目的达成的外部因素。

当定义项目组合结构时，重要的是要理解整体战略，确保在这些业务领域内拥有最高战略价值的、正确的组件能被包括在其中。同样重要的是，要确保项目组合战略计划的每个目的至少拥有一个能引领其实现的动议，从而使在特定战略目的下提出动议的产物的总和能够引领战略目标收益 100%实现。因此，组织的项目组合应该覆盖 100%的组织战略目的，而且仅覆盖组织的战略目的，这意味着任何对特定的战略目的没用的动议都应该被终止。

评估与描述项目组合管理活动将如何与总体战略保持一致，就是在支持这个评估及其实施的过程、行动和要素的基础上，定义项目组合的战略计划。这个过程、行动和要素包括很多内容，如项目组合管理的目标、优先级排序、资金的分配、组织的收益、期望的绩效、资源、假设条件、制约因素、依赖关系、风险及要求。

另外，管理项目组合并不是一个明确的、有时限的过程。因此，项目组合的期望结果并不受其组件的束缚，相反，取决于从结果角度它们交付什么。

项目组合的战略计划是应用组织的战略、愿景和目标制订出来的。项目组合经理要与治理机构中的管理者以及制订该计划的关键相关方合作。项目组合战略计划会支持组织、组织单元或职能的战略。

组织的战略是通过项目组合组件和持续的运营工作来实施的。当生成项目组合战略计划时，项目组合经理要整合并应对项目组合中的变化，同时要保持与组织的战略、愿景和目标一致。

3.4 制定项目组合的战略目标

简言之，战略目标相当详细地定义了组织的志向。组织的志向可以在其使命与愿景陈述中找到。使命与愿景共同阐述了组织的主要意图及其终极目的，它们是组织实现其终极目的要完成的步骤与成就。

战略目标形成了战略计划的基础，它们代表了特定的、短期的行动（1 年到 2 年），是愿景（通常 5 年或更久）和目的（通常 3 年或更久）的成果。

战略目标说明书应该列出要实现什么和实现它们将要采取的整体方法（以及实现它们的收益），并且应该关注要提供给客户的是什么。战略目标中的关键要素要可测量和清晰。至关重要的是，战略目标是由组织使命来指引的。

3.4.1 愿景与使命陈述

愿景与使命陈述应该是能被人轻易理解的单一想法。战略愿景陈述阐述了基于所选定的战略，认为业务应在哪里。战略使命陈述则解释了达成这个愿景的整体途径。

为了测试使命陈述的有效性，相关的领导者、管理者和职员应该能够轻易地用简单的条款描述业务的愿景与使命。如果他们不能清晰地讲出愿景或使命，这个陈述就没什么用处。愿景和使命会指导业务中所涉及的每个人的每日活动。要想使陈述有效，就需要既简短又清晰，抓住业务想要完成的成果的本质。

愿景和使命陈述构建了组织的整体文化。愿景陈述和使命陈述之间的区别是：愿景指一个公司想要成为什么样子，而使命则指该公司在业务中想做什么。愿景陈述是组织希望假以时日能够实现的有价值的、鼓舞人心的精神画卷，无论领导层如何变化。它提供了一个能使员工兴奋起来的对未来的共同看法。使命陈述则告诉我们公司当前在业务中要做什么、为谁而做，以及如何做。它定义了组织当前的状态及其后续几年工作的步骤。使命陈述可能要随着客户及其需求的改变而重新定义。所有的员工要都能够清晰地说出组织的使命陈述，从而知道他们的工作如何与这个使命保持一致，以及如何为此使命做出有价值的贡献。它还能帮助他们理解和接受组织范围内的决策。

简单的愿景陈述可能是："我们的愿景是让世界不再有癌症。"

简单的使命陈述可能是："我们的使命是通过提供高质量的渔竿齿轮来满足客户的需求，交付卓越的价值，并且使成本最低。"

3.4.2 战略目的

目的是个总体陈述，指出要实现什么，因此它们应该与愿景整合在一起。目的是更加定性的陈述，而不是定量的目标，它们需要与描述组织将如何实现其愿景的使命整合在一起。战略目的的示例如下：

- 获得更大的市场份额；
- 进入新市场；
- 遵守规章制度；
- 提高赢利能力；
- 提高效率；
- 提供更好的客户服务；
- 改进员工培训；
- 提高客户满意度。

一个战略目的应该满足下列所有的特征：

- 可理解的：它阐述得简单、容易理解吗？
- 可适用的：它与愿景和使命匹配吗？
- 可接受的：它与组织和员工的价值观相匹配吗？
- 灵活的：需要时它能适应和改变吗？

战略目的应该始终以组织最重要的优先事项为中心，避免失去焦点，而且它们应该被设计成彼此间不会互相抵触或干扰的方式。

3.4.3 战略目标

愿景描述了目的，战略则是就如何达成该目的的一个选择。因此，战略目标可以被分成几类，例如：

- 赢利能力；
- 合规性；
- 财务资源；
- 市场地位；
- 法律或规章制度的符合性；
- 创新；
- 生产力；
- 物质资源；
- 人力资源；
- 社会责任；
- 价值创造；
- 客户满意度。

应该选出战略目标来描述执行组织或业务单元的主要的挑战和驱动力。为了使战略目标可管理而且可行，它们的数量应该被限定。一旦战略目标被识别出来，就应该应用下列基本标准予以核实：

- 该目标是可行、可实现的吗？
- 该目标是可测量、可验证的吗？
- 该目标是可适时调整、灵活的吗？
- 该目标与战略计划的其他部分保持一致吗？

战略目标的一个示例可以是在接下来的 6 个月内，指定区域内市场份额比去年提高 10%。

3.4.4 战略动议

组织通过创造战略动议，包括项目集和项目组合，执行其战略，来达成未来理想的状态。由组织战略定义战略动议的过程，需要渐进明细，用包括战略差距要素分析、平衡计分卡应用及类似的技术，来选择初始的组件并把它们纳入子项目组合中。

项目组合组件可能不必相互依赖或有相关的目标。一个组织可能拥有不止一个项目组合，每个都在处理独特的组织战略和目标。提出的动议可能被构成项目组合，从而组件得以被识别、评估、选择和授权。管理必要的变更应该是规划动议的一个整合部分。战略动议包括推动组织走向未来状态的项目集和项目。这套动议常常会涉及下列一个或多个之间的结合：

- 新的产品或服务；
- 新的商业模式；
- 新的能力；
- 新市场与渠道；
- 新的价值创造机会；
- 突破性平台。

3.5 战略风险偏好

组织的战略风险偏好，就是一个组织为了满足其战略目标而愿意接受的风险总量与类型。基于组织、文化和潜在的战略驱动，以及高层管理者的个人风险偏好，组织会有不同的风险偏好。不同的风险类别都可能存在着风险偏好范围，而且这些偏好和/或风险可能随时间而变化。

在企业风险管理方法中，确定战略风险偏好应该是考虑的核心事项。适度沟通的、适宜的风险偏好说明可以帮助组织达成目的，支持其可持续性。组织需要接受某些风险（威胁）并规避其他威胁。同样地，要开拓某些机会，同时忽略其他机会。某些组织可能发现定义绩效标准比其他事会更容易些，但是如果它们想要有目的地表达它们的风险偏好，所有部门都有必要这样做。这个问题商业组织会比政府组织更好回答些，在很多组织中通常都是由董事会来做的。

风险阈值不太容易被定义，每个组织都可能会容忍不同程度的风险。然而，重要的是组织要建立一个对风险的共同理解，并且对已知威胁的概率和影响有所准备。组织应该为风险的每个方面定义出采取行动前的最大风险允差水平。

为了有效地管理风险，组织需要决定在追求战略目标过程中什么程度的风险敞口是可接受的。这是通过能够反映组织和其他项目组合相关方的风险偏好的可测量的风险阈值来定义的。风险阈值表达了围绕着战略目标可接受的偏差程度。风险偏好说明书应该以对所有相关方的观点与关注点的评审为基础，并且应该强调当前组织战略和实践的意图。

3.6 项目组合章程

项目组合章程是正式授权项目组合经理将资源应用在项目组合组件上的正式文档，应该伴随着每次正式的项目组合战略规划而展示出来。该章程提供了项目组合结构，包括项目组合、项目集、项目及运营的层级和组织。它要预测项目组合将如何、何时向组织交付价值。授权一个项目组合，就将该项目组合与组织的战略和其他项目组合关联了起来，并且描述了该项目组合将如何向组织交付价值。项目组合章程可能包括项目组合的目标、项目组合的合理性、项目组合发起人、项目组合管理的角色与职责、关键的和重要的相关方、相关方的期望与要求、沟通要求、概要的范围、收益、关键的成功标准、资源、概要的时间线及假设条件、制约因素、依赖关系、风险和相关的组织战略目标。

在制定项目组合章程的过程中，下列要素应该被考虑到：

- **项目组合战略计划。**制定项目组合章程并定义项目组合结构时，很重要的是要受到项目组合战略计划的指导。项目组合战略计划中的信息对制定项目组合章程非常必要，包括项目组合的愿景与目标、期望的收益，以及关键的风险、依赖关系和制约因素。
- **项目组合过程资产。**为了制定项目组合章程，项目组合经理应该利用项目组合的计划、政策、程序、指南和所有现有的相关方关系、范围、收益和项目组合目的的文档。
- **事业环境因素。**事业环境因素可能包括组织的、环境的和政府的变量，会对制定项目组合章程过程做出贡献和予以限制。在项目组合章程中的项目组合结构可能需要与组织的会计结构或组织的职能结构（如按组织单元或业务单元）保持一致。

3.7 项目组合路线图

项目组合路线图是个可视化的概要构件（通常是图形化的展示），详细说明了项目组合及其相关组件是如何与组织的战略目的联系起来的。路线图至少在每次项目组合再次优化和批准期间和/或对项目组合做出重大变更时，应该予以更新。图 3-1 展示了项目组合路线图的一个例子。

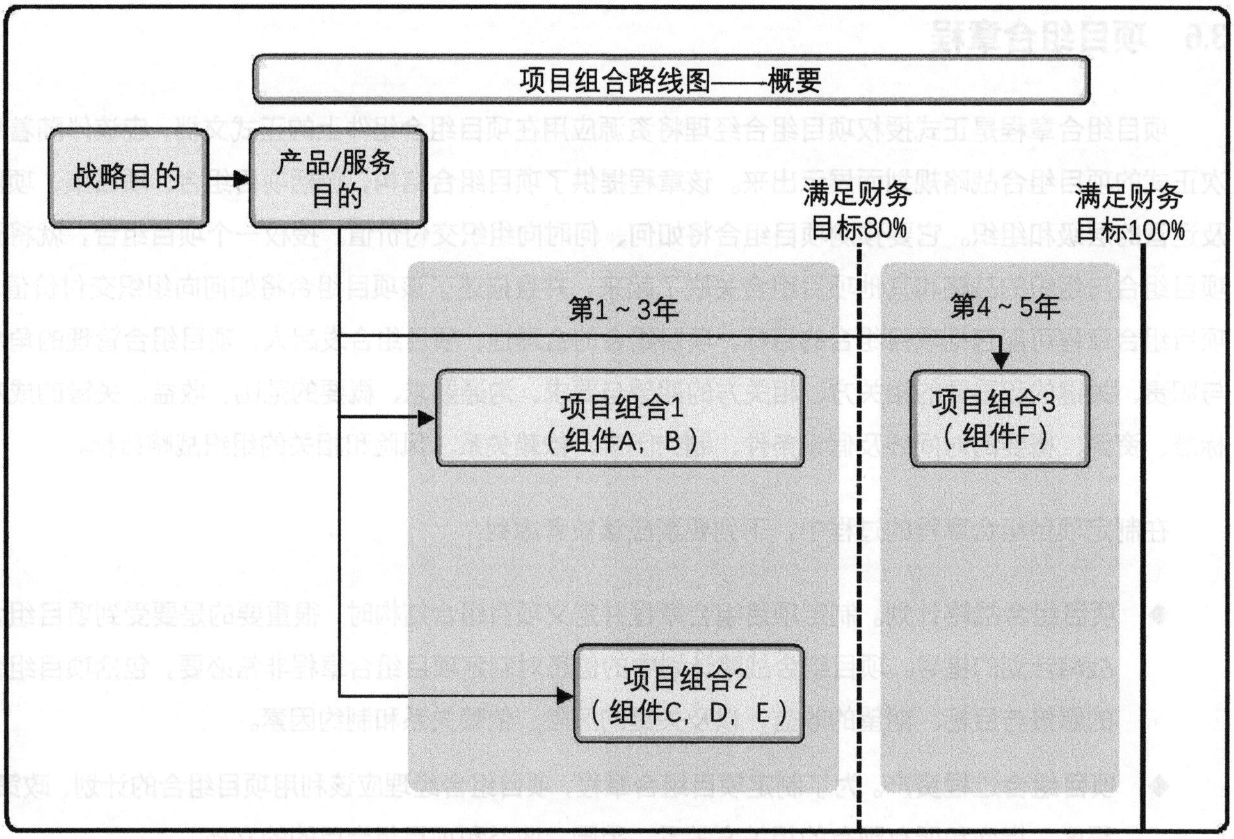

图 3-1　项目组合路线图的示例

3.8　关键的项目组合组件

项目组合是应用一系列的以协调的方式进行管理的子项目组合、项目集、项目和运营活动来构建的，提高它们的效率，可以为组织提供期望的结果。项目组合组件可能不必相互依赖，也不一定要在相同的时间实施。为了促成项目组合高效管理，其组件的结果（期望的或已经实现的）都应该被测量、排序和指定优先级。

对每个项目组合而言，项目组合组件集合规模各不相同，甚至可能在项目组合存在期间发生变化。为了高效地交付预期的项目组合成果（而且是在资源受限的环境下），重要的是要在组织的能力范围内，限制或保持可管理的组件数量。项目组合中的关键组件是指对期望收益的实现能以非常重要的方式做出贡献的那个组件。为了提高项目组合的效力，确定该项目组合的关键组件是非常重要的。一旦这些关键组件被识别出来，项目组合管理团队就应该评估自己管理它们的工作量，并且采取行动来改进整个组织。

3.8.1 评估项目组合关键组件

该评估过程可能要定期进行。通过评审当前包含在该组合中的一系列组件，选择并评估它们对项目组合整体结果的重要性来实施此过程。定义关键项目组合组件的过程，需要深刻知晓战略目标和基于项目组合当前内部与外部环境，项目组合对战略目标的贡献。因此，识别项目组合的关键组件依赖对组织和该项目组合的主要战略目标的评审和更新。

评估过程可能由几个活动触发，最常见的是：

- 由于内部或外部因素，组织战略和目标的改变成为必然；
- 预期的项目组合整体结果与实际结果间形成了差距；
- 某个进行中的关键组件被延误、关闭，或者已经过验证的计划有重大变更；
- 新的项目组合组件被批准；
- 新的机会（如新的技术）已经出现。

除了组件的贡献价值，还有其他因素需要评估，以便为项目组合定义关键组件。包括：

- **实现因素。**包括成本、历时、资源产能、期望的结果、复杂性、组织对变革的抵制等。
- **组织的目标导向因素。**指对战略目标产生积极影响与消极影响的比例、评估结果的便利性、可见性及结果实现的时间。
- **外部因素。**包括对组织形象的贡献，对社区、国家及世界健康的贡献，以及来自周边社区对变革的抵制。

当一个关键组件被评估时，关键项目组合变量的评估是个常常被忽略的过程，尽管这些变量经常决定着项目组合管理成功的因素。

每个组件潜在地都会对其他目标有消极影响。例如，某个关键组件可能是开发一个代表当前科技发展水平的营销活动，这将会积极影响组织的形象与收益。与此同时，组织的效率目标将受到此组件的消极影响，因为这样会存在一个由期待结果的独特性所导致的威胁。或者，某个组织可能有个效率目标，可以通过一个精益项目来达成，但是，与此同时，这个项目的实现可能会对工作环境的质量带来消极影响，或者可能造成对那些将会颠覆期望收益的变革的抵制。

3.8.2 选择项目组合的关键组件

关键组件的选择对项目组合的成功至关重要。关键组件的选择效力，很大程度上取决于与项目组合相关的可见性和组织战略目标的管理过程。没有这些信息，项目组合就可能无法定义哪个组件是重要的，因为项目组合没有可量化的预期。

比对组织的战略来验证项目组合有助于确保两者间保持一致。被提议的项目组合组件或当前的工作清单，与整体战略不一致，或者被认为不太可能交付预期价值的，都不会被推荐包括在项目组合中，除非是尚未被投资的积压组件。当某个当前组件被发现不再适合项目组合时，同样也要关闭它，这样有助于最大化资源（如人力、财务、资产、智力）的投资回报。要考虑的因素包括：

- **组织的战略与目标**。组织的战略与目标提供了长期的方向、愿景、目的和目标。这个输入也可能是组织的战略计划文档，其中包含愿景、使命、战略和目标，取决于组织内部该计划的目的和范围，详细程度各异。
- **工作清单**。组织可能还没有项目组合，只有一个排好优先顺序的组件清单。然而，可能有个工作清单能够发展成一个项目组合。项目组合组件列表或工作清单都需要与组织的战略目标保持一致，来确保它们是有效的，能够满足创建它们的目的。组件的相互依赖关系也应该被清晰地理解并记录下来，因为一个有效率的项目组合通常都会包括尽可能多的相互依赖的实践，来最小化满足组件目标的工作。例如，某个衍生产品可能同时依赖早期版本的制造过程和来自某从属型调研项目的关键子系统所显示的可行性。作为结果，实施这个项目的风险会低些，但是这个项目没法完成规划，除非依赖的这些活动都成功。
- **项目组合过程资产**。项目组合过程资产可能包括为了优化项目组合所需的关于项目组合及关于指导授权与控制该项目组合的相关数据和信息。在开发项目组合结构和制定项目组合章程的过程中，项目组合管理团队需要知道相关方愿意提供的过程资产，包括：
  - 项目组合资金。在构造项目组合过程中，了解相关方愿意承诺的财务资源和期望的投资回报是至关重要的。
  - 项目组合资源。考虑到资源的制约因素和依赖关系，要了解承诺给予项目组合的资源，帮助项目组合管理团队构造项目组合。
- **组织过程资产**。组织过程资产包括所有来自组织、会参与到项目组合中的与资产相关的过程，它们可能被用来影响项目组合的成功。组织过程资产包括但不限于：
  - 正式/非正式的计划；
  - 组织的政策、方法论、过程和程序；
  - 知识资产、智力资产、专利、专有技术等；
  - 指南；
  - 经验教训；
  - 模板/格式；
  - 来源于历史项目集/项目记录和文档的知识与信息（组织知识库）；
  - 年度报告；

- 来源于过去项目组合管理的关键绩效指标（作为标杆对照的目的）。

◆ **事业环境因素。**事业环境因素是组织和环境的变量，会对决定如何管理项目组合的特定方面做出贡献。要考虑的一些因素是：

- 组织的文化或结构；
- 工具；
- 人力；
- 基础设施；
- 市场条件；
- 政府的规章制度；
- 相关方的风险允差；
- 经济条件和预测。

3.9 项目组合的优化

项目组合的优化是一种通过平衡和优化收益、风险和资源来持续实施的实践。它应该是高效组织的规划过程的一个整合部分，确保供应（如人员、资金、财产、智力）与需求（如项目、维护、监管变更）间保持一致。鉴于会有多个项目或者都在进行中，或者随时都在准备着，优先级的平衡、资源的一致性、分配及整体的管理宽度，都应该被有效地管理，以避免时间超限和资金超支，以及人员和技术资源的过度使用。

为了理解如何优化项目组合和管理期望、优化风险敞口，并且应对交付中的挑战，项目组合优化应该被应用并整合进组织的年度规划过程。它是跨项目组合所有组件的，阐明整个项目组合的依赖关系和制约因素，并且识别出协同和平衡点被定义在哪里才是最高效的项目绑定。

与项目组合优化相关，组织可能要经历的典型的挑战包括：

◆ 项目组合和资源与目标和战略没有保持一致；

◆ 缺乏透明度或无法接触到良好的、准确的数据；

◆ 资源被浪费在太多低价值的项目上，被用到极限；

◆ 快速调整项目组合应对市场变化时碰到的困难；

◆ 评估一个组件的变化对其他组件的影响，如果有的话（如组件间资源的移交、进度的影响）；

◆ 重新排序或优化的循环影响。

为优化项目组合而进行的一些考虑包括：

◆ **选择并优先排序正确的组件。**不是每个组件都有相同的紧迫性的。很重要的是，要基于组织的目的认识到组件的完成顺序并且能够使更高优先级的组件排在前面，然后才是清单上优先级低些的组件。管理层也要把他们的思考用在这个过程中，某些事项是无法量化的。

◆ **预测交付项目组合的成本。**因为赢利能力或成本效率是成功组织的关键所在，在所有层级上追踪项目组合的成本并相应地监督它们，是非常重要的。应该具有可见性来追踪项目集/项目，基于完成它的成本超出收益的情况，决定是否应该取消该项目集/项目。

◆ **向执行层提供实时的状态报告。**执行层通常是做出业务决策的那些人。对他们而言，为了能为组织做出最好的决策，组件状态的实时可见性是至关重要的。这些项目组合组件的状态报告可以消除许多未被沟通的项目问题所涉及的风险。由于公正而又不存在偏见的信息是最佳决策的关键，因此，很重要的是要通过标准化项目和项目集管理实践，来确保项目组合内项目组合组件报告的一贯性。例如，如果没有标准化的过程，执行层就可能从项目组合的组件处收到有偏见的信息。

◆ **为了保持一贯的过程启动项目治理。**通过确保项目的报告和状态在整个组织内都始终保持一贯性，确保每个人和组织都能对错过最后的期限和错误地执行项目负责，使追踪项目产物更加容易，从而使整体应用的治理职能（监管、控制、整合、决策制定）具有更大的效力。

◆ **获取一个包含所有项目组合组件的完整视角。**对组织而言，很重要的是，当谈及项目状态时，要拥有一个单一的正确版本。这能消除很多问题，并且帮助人们优先排序并支持那些需要注意的项目。

3.10 管理战略的一致化

管理战略的一致化，使项目组合经理能够应对组织战略中的变更，提升能力，就影响项目组合规划和管理的重大的战略变更予以接受并采取行动。

伴随着战略的转变，当前状态应该与未来状态进行比较（本质上可能是渐进演化的或者是增量式的）。差距可能导致资源的重新校准或调整项目组合中的组件组合来支持战略的变化。项目组合中变更经常会发生，而且，取决于变更的显著程度，项目组合的文档可能需要被重写，以确保继续与战略保持一致。这种反复地再适应与项目管理中所需要的渐进明细形成对比。这是一个校准的过程，识别出当前与未来状态间的差距，进而分析影响，并且应对战略的变更和资源（人员、过程和资产/技术）

方面的变化。

要分析战略目标与目的，以决定项目组合结构的哪部分将会着重解决特定的战略目的。还需要分析当前的项目组合或工作清单，决定哪个工作或组件要继续或关闭，以及哪个组件应该增加进来。这些技术要包括战略变更的驱动分析，确定所期望的动议对战略目标的贡献，并且在考虑了财务、资源、知识和风险制约的情况下确定收益和可测量的贡献。

3.10.1 管理战略影响时的考虑事项

在管理战略变更中，相关方分析是起决定性的，因为这有助于确保持续性，并且使关键相关方的期望与变化的战略保持一致，从而导致项目组合的再校准。这种变更也可能导致识别出新的相关方或移除现有的相关方。用来分析相关方期望与要求的技术，可能包括访谈高级执行层的相关方，并且分析对战略变革的需求与期望。这可能包括通过个人或小组来识别相关方，确定期望与要求、演变着的条件、新近被认可的痛点、问题或愿望、变更的影响、相关事项、风险允差、变化着的外部治理与规则（类似于环境规则）和关注点。

差距分析把当前的项目组合和组件与新的战略方向和未来的组织愿景做对比。这对管理战略变更至关重要。这个分析确定了差距和项目组合中所需的变更，从而可以增加、变更或终止组件。

准备度评估测量了组织执行必要的步骤，以弥补当前的项目组合状态和未来状态之间的差距的能力。该评估决定了是否及何时实施变更、实施变更要做什么，以及如何实施变更，并且指出为了带来这种变更所需要的但当前却并未强调的所有需要。

3.10.2 战略变更的影响

战略方面的变更，对项目组合及其组件和/或基本原则的影响可能会是有限的或意义深远的。这些影响包括但不限于：

- ◆ 当未来的战略改变时，项目组合战略计划要被更新并需要被修订。项目组合战略计划的各种要素都可能需要进行变更，以反映组织的战略变化，如优先排序的模型、收益、假设条件、制约因素、依赖关系和风险。
- ◆ 当未来的战略改变时，项目组合的章程要被更新并修订。项目组合章程中的项目组合结构可能需要变更，以反映新的战略目标、关键的或重要的相关方，以及他们的沟通要求。
- ◆ 当战略改变时，项目组合中的组件可能被增加、修改、延期或终止，以便与新的战略保持一致。
- ◆ 以战略改变的影响为基础，项目组合路线图要被更新，要考虑新的未来愿景及导致的项目组合组件、时间线和依赖关系方面的变更。

- ◆ 可能也需要更新项目组合管理计划。因为战略变更可能导致项目组合管理计划的管理方法、优先级、组织结构及其他方面的变更。作为相关方、差距和准备度评估的结果，对相关方参与、沟通管理、绩效和风险方面的更新，也可能需要做。
- ◆ 当战略变更影响项目组合的计划和过程时，项目组合的过程资产也要被更新。这些资产包括来自历史文件的关于过去的战略变更对项目组合相关的人员、过程和技术、绩效参数、风险管理，以及来自经验教训数据库等各方面的可用信息。
- ◆ 项目组合的融资结构/财务管理计划可能需要被更新，如果被批准的话。
- ◆ 评估并整合组织的成熟度特征，以促使变更得以成功实现。

第 4 章

项目组合治理

本章阐述了治理是什么、它以何为基础、它的指导原则、在实践方面治理如何得以实施，以及如何将治理活动与管理活动区别开来。理解和实施一个有效的项目组合治理框架，会引导项目组合的决策过程符合所有相关方的利益，同时遵从组织的治理原则。本章主要包括如下内容：

4.1 概览

"治理"这一术语越来越多地被应用在项目组合、项目集和项目管理领域，但是，该术语本身及其所代表的含义却常常与管理相关的概念混淆在一起。本章阐明治理和管理的概念、原则的重要性和它们如何影响治理和管理活动，以及除了项目组合治理原则会作为以组件为基础的方法论的一部分来提升组件成功的机会，还会如何影响项目组合内的项目集和项目。治理活动将项目组合原则的应用范围囊括在一起并促使其应用于实际的项目组合管理工作（见第 1.7 节支撑本标准的项目组合管理原则）。

4.2 项目组合治理是什么

项目组合治理是在某个框架内的一套实践、职能与过程，以一套引领项目组合管理活动的基本规范、规则或价值为框架基础，优化投资并且满足组织的战略和运营的目的[4]。术语“治理框架”包括监管、决策制定、控制和整合的职能，要在此框架的治理过程和任务的引领下达成项目组合的治理目标。

4.3 指导原则

关于治理本章节与本标准的其他章节非常不同，因为治理是个框架，项目组合管理要在此框架内工作；而项目组合管理的其他方面则与在此治理框架内定义、实施和执行该项目组合相关。这个微妙的区别也反映了哪些指导原则要被用来创建高效的项目组合治理。

第 1.7 节列出了与项目组合管理有关的 8 个原则，有一个原则直接与治理相关：强化透明性、负责、担责、可持续性和公正。

4.4 治理的概念

项目组合治理建立在值得拥有并能引导在组织内建立项目组合治理实践的原则、规则和价值的基础上。从不同的视角，治理可能被视作一个控制系统、一套过程及一系列的过程与关系。治理与管理迥然不同。治理与决策制定、监管、控制和整合相关；而管理则被描述为在治理框架所设定的界限内工作，以达成组织目标为总体目标。

4.4.1 项目组合治理对项目集和项目的影响

当进行一个包括组件项目集、项目和运营的项目组合的项目组合治理实践时，至关重要的是要理解和影响各组件的基础治理原则和治理目标，确保它们整合在一起并与该项目组合的原则和目标保持一致。为了实现这一点，组件项目集和项目的方法论应该包括治理原则和管理准则。治理原则应该能帮助避免及解决在组件生命周期中可能产生的歧义、问题与冲突，尤其在复杂环境中所做的努力只有低产出预期的时候。

图 4-1 显示了治理原则向下穿过组织的流向，它们影响着在项目组合、项目集、项目和运营层面的治理目标。这些治理原则帮助创建组织的价值系统。

高级管理者通常在董事会层面，以组织的基本规范、规则和价值为基础定义组织的治理，作为基础用来开发项目组合的治理实践。由于项目组合治理实践会包括组织的治理原则，它们要向下流到项目组合的组件，来提供控制、整合、决策制定和整体监管。项目组合、项目集、项目和运营治理的实施是通过治理角色来完成的，见第 4.6 节所述。贯穿整个项目组合，治理实践的有效性取决于心态、合理性及互动方式，通过选择治理角色中的这些方面来实施、保持和变更治理结构。

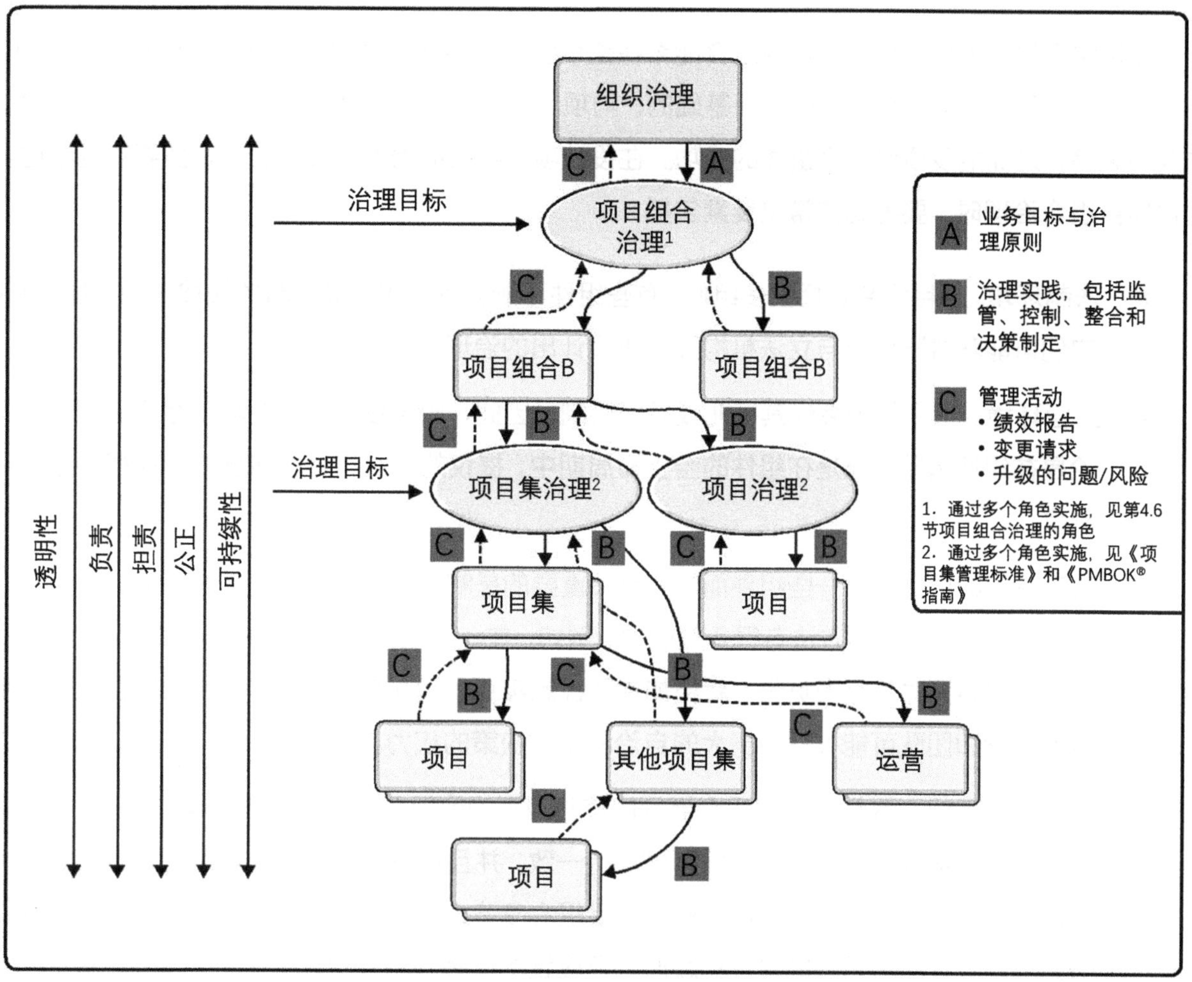

图 4-1　治理层级，包括原则与目标

4.4.2　项目组合治理与项目组合管理的其他绩效域

项目组合治理绩效域，是作为六大绩效管理域之一来展示的（见图 1-3）。治理影响其他所有的项目组合绩效域，包括要依据基础治理原则和应用治理实践的项目组合支持过程。治理绩效域包括四个治理职能，代表了贯穿项目组合及其组件始终都可能会重复出现的过程和活动：决策制定、监管、控制和整合。决策制定职能包括一些过程与活动，提供整体的治理结构，为项目组合及其组件授予管理权力。监管职能提供治理过程与活动来支持对项目组合及其组件的领导与导向。控制职能提供过程与活动来对项目组合及其组件进行监督、测量和报告。整合职能则提供过程和活动来支持项目组合及其组件间的战略一致化。

4.5 高效项目组合治理的设计要素

项目组合治理的设计将会对项目组合能否在整个生命周期都一贯地满足其目标具有重大影响。在极端情况下，那些不以组织治理原则为基础的、与项目组合类型不太适合的治理实践，将会增加组件失败的风险，进而危及项目组合整体的成功。在设计项目组合的治理实践时，有很多要素要考虑。当优化项目组合治理时，要考虑的常见要素包括：

- **法制环境**。项目组合包括很多组件，有些组件可能会受到正在变化着的法律法规的显著影响，它们可能获益于直接与立法机构互动所设计出的治理。
- **监管环境**。很多组织会受其行业或领域管制，因此，应该设计它们的项目组合治理，确保无论是在组件选择时还是在组件的全生命周期中，提议的项目组合所包含的组件都要遵守规章制度。
- **制定决策的层级**。对一些组件而言，至关重要的是制定决策的职责要放在能力、责任和权力所属的层级上。这种方法有很多复杂性。例如，在一些组织中，雇员并不最终对其行为负责，或者没觉得要对其行为负责，就更加需要控制实践。而在其他情况中，经验丰富、受重视的组件经理和团队可能被赋予更大的自治和制定决策的权力。
- **与组织治理的一致性**。项目组合治理应该与组织的治理在组织原则方面保持一致。原则上，项目组合治理的目的应该与组织治理保持一致，并且还应该反映该项目组合及其特定目标的本质。对所归属的组织是合资企业的项目组合应该尤其小心，要与所有母体的治理原则保持一致。在设计项目组合的治理实践时，还应该予以考虑的包括：
    - 对项目组合组件而言，应该存在的治理实践类型；
    - 一些要素，例如签署合同的资源、组件失败的风险（尤其对高风险组件而言）、组件的重要性水平（从低到战略性重要）、项目集和项目管理办公室（PMO），以及它们将如何从治理角度来支持组件；
    - 组件生命周期及组件团队应用于生命周期过程的经验。
- **与组织文化的一致性**。在整个项目组合治理的设计中都应该考虑组织文化，因为文化会影响思维方式和治理的接受程度。

4.6 项目组合治理的角色

在负责项目组合治理的人们之间建立适宜、合作的关系，对项目组合成功交付组织期望的收益至关重要。项目组合经理要利用项目组合治理委员会帮助建立组织条件，支持项目组合的目的。治理委员会的活动包括监督那些升级上来的可能会影响项目组合财务价值的项目组合风险、用来达成组织的战略和目标的项目组合组件集合，以及对组织产能与能力的影响。在项目组合治理委员会成员间建立合作的关系，该委员会中项目组合经理或项目组合所有者通常会是主席，对组织的终极成功也是至关重要的。项目组合经理可能被指定职责与责任，遵从项目组合治理委员会的授权，有效管理项目组合来实现组织的目的。这样做时，项目组合经理就要在项目组合治理领域承担起负责治理实践的角色。治理角色的责任可能归属业务单元的领导、首席运营官、首席战略官、首席财务官、首席信息官或其他类似的高级执行角色。

定义项目组合治理结构的最好方式是用特有的方式针对每个组织的原则与需求，以及项目组合内的组件要求。项目组合治理与项目组合管理职能间的关系通常由指定的关键角色——这些职能的一部分并被认为关键相关方的人，来进行管理。

4.6.1 项目组合的发起人

项目组合的发起人是负责支持应用组织的资源帮助满足项目组合的目的与目标，进而实现其预期价值贡献的人。项目组合发起人的角色通常由项目组合治理委员会的某个执行成员担任，他在引领组织及其投资决策方面拥有高级角色，同时他个人把项目组合组件的成功担在肩上，因此把项目组合为组织创造价值的的责任也担当起来。在很多组织中，项目组合的发起人担当着项目组合治理委员会主席的身份。

项目组合发起人的典型职责有：

- 确保项目组合的目的和目标与战略愿景保持一致；
- 就收益交付提供监管与反馈，使项目组合能够成功；
- 移除项目组合成功的壁垒与障碍；
- 确保相关资金获得批准；
- 提供必要的资源；
- 管理高级管理层与项目组合管理团队间就项目组合活动进行的互动。

作为项目组合治理委员会的成员或主席，发起人对治理职责的实现而言是必不可少的。至关重要的是组织要允许项目组合发起人有效地扮演此角色。应该提供充足的时间与资源来使成功成为可能，常常这会需要他卸掉其他职责。项目组合发起人的技能与经验会影响项目组合的效力。通常，项目组合发起人被要求贯穿整个组织驱动变革，从而使运营能够适应项目组合组件所交付的能力，并保护可用收益引领价值的达成。发起人对沟通和相关方的管理过程也是不可或缺的。通常，高效的项目组合发起人会展现出如下的技能组合与背景：

- ◆ 组织级的视角；
- ◆ 影响高级相关方的能力；
- ◆ 与跨不同相关方群组的人合作寻求互利的解决方案的能力；
- ◆ 领导技能；
- ◆ 决策制定的权限；
- ◆ 有效沟通的技能。

4.6.2 项目组合治理委员会

大多数组织都在寻求通过建立治理委员会决定治理的实践并提供适宜的领导、监管和决策制定，确保适宜的项目组合治理。项目组合治理委员会提高了使项目组合治理绩效域建立在治理原则的基础上，并引领建立跨项目组合、项目集和项目治理实践的可能性。该委员会应该被很好地定位，来有效率地解决在项目组合生命周期期间可能产生的治理问题或疑问。项目组合治理委员会通常由选定的高级执行层的相关方组成，因为他们的战略眼光、商业领域知识、职能职责、运营责任、负责管理组织的项目组合和/或展现给重要相关方群组的能力。在一些组织中，治理委员会也可能负责项目组合的某些管理任务。在这种情况下，项目组合治理委员会通常就会录用被认为拥有组织级的视角和决策权限，对制定项目组合的目的、战略和运营计划至关重要的某个人或某组人。通常，项目组合治理委员会包括来自职能群组负责支持项目组合关键要素的高级领导者，如负责支持项目组合组件的组织执行层与领导者。项目组合治理委员会确保项目组合在一个适宜的组织知识与专业环境中执行，受到治理框架的良好支持，从而赋予其制定决策的权力。

典型的治理职责包括：

- ◆ 确定治理框架，包括监管、决策制定、控制和整合职能，通过它引领治理过程与任务在达成治理目标的方向上；
- ◆ 批准与治理相关的政策与过程；
- ◆ 建立组件选择、分组、优先排序和授权的标准；
- ◆ 评审并补救升级上来的与治理有关的问题和风险。

治理委员会的职责也可能拥有管理职责，通常包括：

- 确保项目组合的战略计划与组织的战略和运营目的保持一致；
- 考虑和平衡达成项目组合价值所需的组织变革程度；
- 在项目组合、项目集和项目过程一致性和期望方面提供执行方面的支持；
- 在制定、强制执行、实施和沟通决策方面加以领导；
- 定义关键的绩效目标和阈值；
- 影响和引领多个方面，如就新产品和服务的组织沟通、外部报告、融资与投资的测量及战略方向；
- 依照组织的战略优先级和运营需求来控制资源的分配；
- 确定风险和/或回报，包括财务投资、回报和项目组合价值；
- 评审与解决冲突的目的与目标；
- 定义要与相关方和组织沟通的关键信息；
- 评审绩效和提出的建议来调整项目组合；
- 评审并补救升级上来的与管理项目组合相关的问题和风险。

在小型组织中，一个高级执行者可能要承担起所有这些职责，而不是召集一个完整的、多人组成的项目组合治理委员会、监管委员会或理事会来完成。

4.6.3 项目组合的审计组织

项目组合治理包括明确职责，以确保组件经理知道可能需要哪些计划好的和随机的或基于组织的特定性质所期望的审计。审计评估可能由内部和/或外部的审计机构实施，而且要包括组织的组件/分组件与已批准的或强制性的业务或项目集/项目管理过程的符合性。组件审计常常关注资金、管理和治理实践、风险管理实践、战略一致性、质量保证与质量控制，以及组件的文档。

对项目组合发起的审计会授权组件治理委员会制定组织的或组件特定的审计计划，交由组件团队使用。这种计划通常会就组织关于审计期望与准备的政策、标准化的审计过程、已知的内部或外部审计的预估时间安排、与实施审计相关的组件人员的角色与职责、审计结果的评审和沟通政策等方面提供细节。

在项目组合组件内有时会认为审计是个耗费时间的工作，给组件增加负担。应该注意，审计常常对组件质量的测量是有价值的，能帮助组件经理、项目组合经理及其他相关方识别出关注的领域，从而降低触发纠正措施的风险。而且，审计还是个直接与高级管理者沟通的渠道，清楚的信息能被传递给审计评审团队，否则就可能被封锁住或被过滤掉。审计支持可能由治理职能提供，因此，会给组件的最终成功进而对项目组合的长期成功做出显著贡献。

4.6.4 其他角色

支持项目组合组织与过程变更所需的其他角色包括：

- 支持项目组合组件的项目组合治理与执行，确保定义好的目的得以满足；
- 支持项目组合治理团队，确定变更的影响情况；
- 支持会影响项目集和项目产物的所有变更；
- 适用时，代为执行治理机构的职责；
- 支持与项目组合治理相关的组织变革。

第 5 章

项目组合产能与能力管理

鉴于与项目组合管理有关，本章覆盖项目组合产能与能力管理绩效域。项目组合产能与能力管理的目标是，确保项目组合产能和能力与项目组合的目标保持一致，并且能够由组织的资源产能和能力予以支持或满足，进而使成功地实施项目组合和获得所期望的项目组合回报成为可能。

本章主要包括如下内容：

5.1 概览

产能与能力管理职能在组织全面的项目组合管理中发挥着至关重要的作用，从战略的规划到项目组合的选择与优化，经由项目组合的实施，直到作为结果为组织实现价值。有效果和高效率的产能与能力管理，通过监督和控制在项目组合架构内项目集和项目工作的执行，在组织的整体战略与特定业务目标的实现间架起了桥梁。所描述的术语如下：

- **产能与能力管理。**以一系列指导原则为基础建立的一个综合框架，包括以一系列的工具与实践来识别、分配和优化资源，以便在项目组合实施中最大化资源应用并最小化资源冲突。在项目组合管理中，产能与能力管理意味着涉及所有资源，如人员、资金、技术、设备等。

◆ **产能管理**。强调了需要哪类资源、需要多少以及何时需要，以支持项目组合。

◆ **能力管理**。详尽阐述资源产能的哪些方面是可用的，并且强调了与资源相关的属性特征、胜任力与技能，以及组织对项目组合的支持。

项目组合产能与能力管理的目标，就是确定组织现在能做什么（它的产能），与该组织潜在地能做什么（它的能力）之间的最优平衡。项目组合产能与能力管理要最大化资源的应用，并且为成功实施项目组合最小化冲突。围绕着项目组合的选择与执行、决策制定、变更管理、风险管理、价值管理及收益管理的合理实践，将直接影响资源的产能与能力。在项目组合组件间的依赖关系驱动着复杂性，从而同样地也影响着资源。项目组合产能与能力管理聚焦于一个组织用来实施项目组合各组件的人力、财务、资产及智力资本。因此，每个组织基于组织全部的需求与优先级，就它能够实现什么和现在能够做成什么，存在一个理想化的潜力。项目组合经理需要展望整个组织，以识别出将要放在项目组合中满足组织战略目标的项目集及支持的项目。这些项目集和支持的项目还应该是可执行的，通过比对组织的产能与能力来平衡项目组合的需求，达成项目组合的商业目的，实现相关的价值。

平衡组织的产能与能力不是一个简单的工作。整合项目组合内的项目集和项目来满足战略目标是很复杂的，而且涉及组织、项目集及其支持的项目间很多的相互依赖关系。项目组合应该被理解成一个复杂的适应型系统，而不是孤立的或只是简单联系在一起的一些组件。产能与能力管理涉及许多方面，这些方面形成了项目组合，并使项目组合经理得以规划、监督和控制项目组合的执行，满足组织的战略目的，并且汇总投资的绩效和收益的实现。

5.2 指导原则

组织，无论规模大小、复杂程度或商业环境本质特征如何，都需要定义并信奉一套指导原则来有效地进行产能与能力管理，从而在项目组合层级获得成功。在第 1.7 节中列出的所有原则都与项目组合产能与能力管理有关。然而，下面内容尤其值得一提，因为它们对与成功执行项目组合相关的资源有着意义深远且直接的影响。

◆ 为优化资源的利用而开展积极且坚决果断的领导；

◆ 在战略实施方面成就卓越；

◆ 比对整体风险来平衡项目组合的价值；

◆ 驾驭复杂性，获得成功的结果。

本章节的讨论反映了这些原则是高效的产能与能力管理的根本基础。

5.3 产能管理

产能管理是项目组合管理中最复杂、最关键的方面之一。它强调了项目组合及其组件的整体资源需求。产能是为了成功地执行规划好的项目组合动议而满足总资源需求的组织能力。

对项目组合的执行而言，一个组织的产能或资源需求，主要横跨四个重要的类别：

◆ **人力资本**。可用的支持项目组合的人力资源。

◆ **财务资本**。可用的支持项目组合的资金。

◆ **资产**。可用的实物资产，如机器、办公空间、厂址等。

◆ **智力资本**。可用的专利、版权等。

为了成功地执行项目组合并且达成相关的目的与目标，这些类别的资源，每类都需要深入地进行规划、分析与积极地管理。这些资源类别都是至关重要的，并且彼此间紧紧地关联在一起。资源的比例和相关性则取决于行业和项目组合的成分。

产能管理试图解决与项目组合及其相应组件的资源需求相关的冲突。它帮助识别需要什么资源、需要多少、何时需要资源来支持项目组合，包括持续优化来最大化资源利用并最小化资源冲突。

在资源产能管理的“需要什么资源”方面，要进一步用能力管理来予以澄清，它会强调与资源相关的属性、胜任力与技能。除了资源能力，其他关键的组织能力也应该考虑哪些资源会直接对项目组合的成功执行做出贡献。

图 5-1 展示了项目组合管理的产能与能力管理组件。

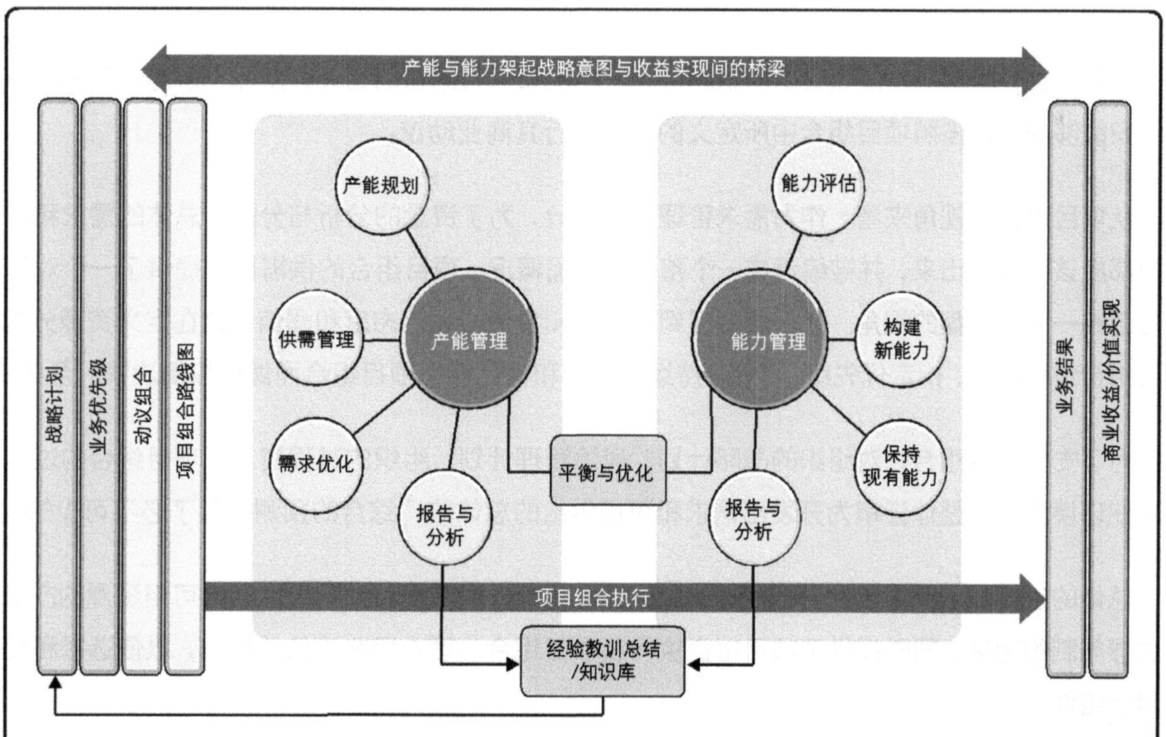

图 5-1　项目组合管理的产能与能力管理组件

项目组合产能管理涉及有方法地描述出项目组合的资源需求和可用资源的整体概况；分析并且使资源供应对正项目组合的需求；贯穿整个项目组合执行过程，测量和监督资源的需求和供应；在项目组合需要时执行变更，以便为了实现目标收益或价值在最优水平上加以实施。

对资源管理而言，产能管理要使用广泛而又整合的方法。它包括下列四大要素：

◆ **产能规划。**这个要素包括在项目组合路线图、战略计划、历史数据等方面可用信息的基础上，为项目组合的执行预测资源的需求和资源的可用性。

◆ **供需管理。**这个要素涉及分析和为项目组合的组件分派资源，平衡供应与需求。

◆ **需求优化。**这个要素涉及为了修正和调整在项目组合执行期间所需的路线，持续测量和监督资源。

◆ **报告与分析。**这个要素涉及识别并捕捉数据，进而就趋势和模式做出相关分析，帮助项目组合做出决策。

产能管理的四大要素共同促使组织能够基于批准的资源水平或制约因素，执行项目组合并且获得目标的项目组合收益，从而为组织提供价值。产能管理的组件将在第 5.4～5.6 节中更加详细地讨论。

5.4 产能规划

产能规划，就是通过比照组织资源的可用产能测量项目组合的组件，从而了解对资源的需求，确保组织能够成功地按照项目组合中所定义的那样执行其商业动议。

从项目组合的视角来看，作为需求管理的一部分，为了资源的分析与分配，总体的需求和可用的供应都应该被识别出来，并被编译成一个整体的供需概况。项目组合的供需概况提供了一个对所预测的资源统一而又全盘的视角。它还要捕捉到对资源和投资的风险态度和阈值，这在定义资源分配、为项目组合组件排名、指定优先级、选择、持续地平衡和优化整个项目组合而做出权衡决策时至关重要。

为了支持项目组合，对组织的战略计划、风险管理计划、组织的过程资产、项目组合的过程资产及事业环境因素的整体评审为开发出需求和可用供给的总体的、综合的预测提供了必不可少的信息。

总体的供需概况凸显出来自组织的横跨人力、财务、资产和智力四大类别的可用资源的产能，包括边界与制约因素，同时提供了项目组合执行和项目组合治理方面有价值的指南，以便选择和投资项目组合组件。

在对整个项目组合负责的同时，当项目组合可能含有强制性的或有法律规定的动议，超出组织的产能与能力界限时，产能规划还需要适应特定的实体。取决于组织的风险概况，产能规划要为在业务周期中可能加入但未规划的组件预留应急储备。

整体的项目组合供需概况通过产能规划过程获得，它提供了一个统一的、全盘的供应与需求的视角，帮助定义资源的分配，并且为排列、指定优先级和选择组件，进而持续平衡与优化项目组合定义权衡标准。

5.5 供应与需求管理

供应与需求管理涉及为项目组合组件分析和分配资源，以平衡供应与需求。整体供应与需求间的对正，开始于为项目组合组件分配资源所做的透彻分析。分析提供了一个关键的决策框架，用于在项目组合的选择、授权和融资期间进行资源分配。供应与需求概况为所需的产能和能力分析提供了基础信息，为相应的资源分配提供了先决条件。产能和能力分析对研究资源的能力（如技能与资质），将它们与项目组合组件的目标与目的匹配起来，从而把能力转化成可以满足项目组合需求的产能至关重要。

5.5.1 供应与需求分析

供应与需求分析用于了解可使用的人力、财务、资产和智力资本的产能与能力，以便选择、投资和执行项目组合组件。能力是一种特定的胜任力，使一个组织能够执行组件并交付成果。产能与能力分析驱动着资源分配的决策标准，可能包括情景分析、定量与定性分析及风险分析。

遵照供应与需求分析，组织可以基于项目组合的驱动因素采取适宜的行动。当需求是主要驱动因素时，组织就需要调整资源的供应（通过临时与长期资源）。当资源的供应相对固定时，组织需要管理项目的需求，并且在资源的可用性和项目优先级的基础上按顺序排列好项目工作。在很多情况下，组织可能不得不既要调整资源的供应，也要管理项目的需求。

5.5.2 供应与需求分配

项目组合组件的优先级排序清单、决策标准及产能与能力分析，共同使有效地分配资源成为可能，从而能按项目组合需求来平衡供应。根据每个动议的商业论证或计划，以及累计的资源列表和能力，项目组合所需的资源应该被识别出来，以反映需求。然后要把这个需求映射到现有的组织资源上，包括资金、其他的有形与无形资产，以及关键的人力资源，如项目集和项目经理及主题专家等。资源分配的主进度计划对规划统一的项目组合的资源需求是非常必要的。

在项目组合管理层级上，供应与需求的概念呈现出比项目集和项目管理层级更广泛的含义。管理供应与需求方面的目的，就是要确保在组织和相关的项目组合组成部分的战略目的基础上，按照资源要求或需求，优化地分配资源的产能，尽量避免产能使用不足和过度使用（见图 5-2）。要想获得理想的产物，需要反复地进行资源管理并持续地优化过程。

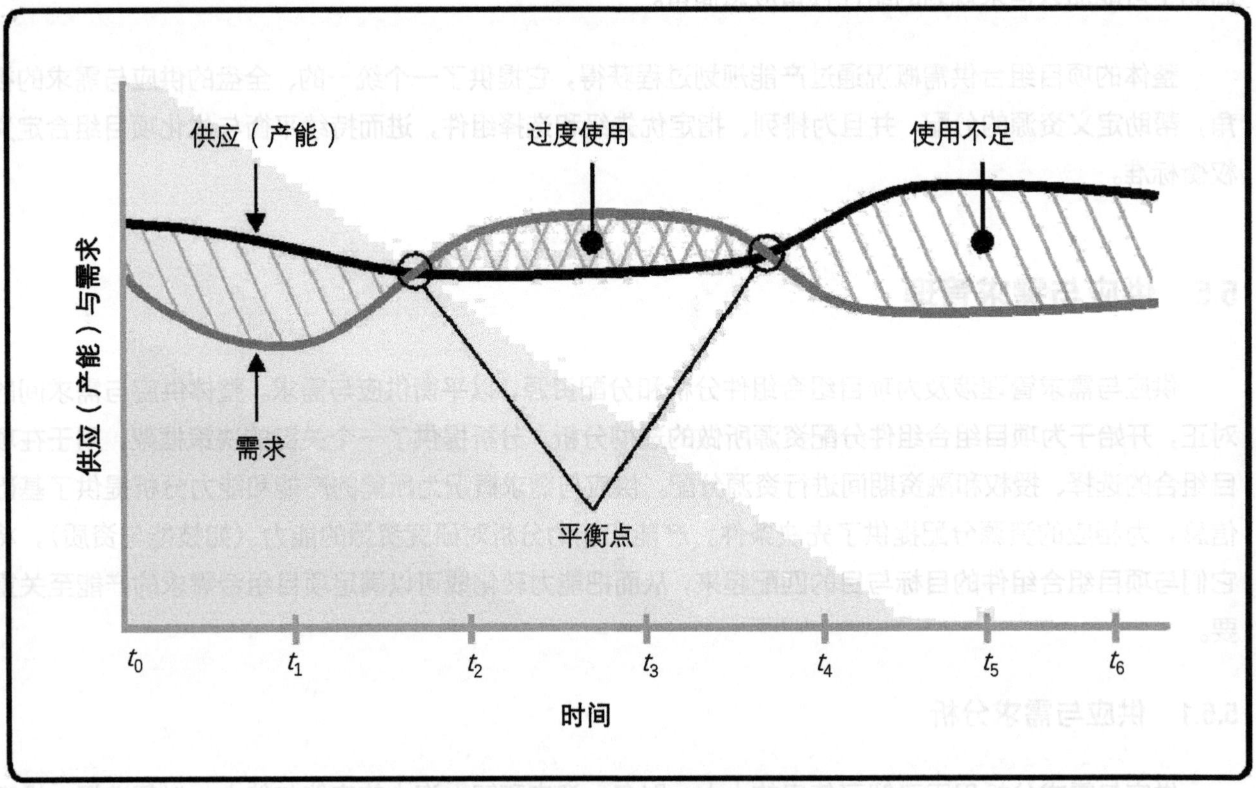

图 5-2　供应（产能）与需求间的关系

这些需求（资源）与项目组合的输出（项目组合结果的价值）的平衡，通常被称为产能平衡。伴随着短期与长期规划，预测在项目组合层级的供应与需求，对随着时间推移平衡项目组合的产能是很关键的。

项目组合的资源总是有限的，因此，供应与需求需要被持续地评审，并且以适宜的方式进行平衡。有些组织假设资源不受限制，而且可以通过各种渠道获得资源来满足所有需求，这些都是典型的项目型组织；有些组织则假设资源是有限的，资源只在一个可变范围内使用，这些组织往往是职能型或矩阵型组织。在职能型和矩阵型组织中，人力资源既被用在项目工作上，也被用在运营工作上。运营型工作负荷中的波动对项目组的资源可用性会有影响。这就是为什么除了项目集和项目，关键的运营（或由此产生的变更）应该包括在项目组合中要考虑的主要方面。

在资源供应的类别间存在着复杂的关系。人力资源的能力和生产率，即便受训经历、背景及阅历相似，也会有很大不同。人员费率，基于技能、阅历、行业、组织的结构及使用资源的实际地点，也会有所不同。人力资源可以通过雇佣或签署合同获得。设备和实物资产可以购买、租赁或租借，从而在本地或异地都可用。

每个组织都会有瓶颈资源，它们是那些在很多项目上都要用到但供应却不足的组合技能。瓶颈资源通常是那些关键的人力资源，他们了解业务流程和技术或拥有相关知识，具备解释业务需求并评估变更影响的能力。拥有这些组合技能的人很难被聘请到或被签约到，因为他们非常稀缺，而且还需要他们具备特定的组织知识。专业化的设备或设施也可能是瓶颈资源。需要持续地管理对这些资源的需求，避免因资源的挑战导致项目组合绩效变差。在进行详细规划前的生命周期的任一时点上，很难准确地确定跨项目集、项目和运营的整个项目组合的资源需求。伴随着项目组合的组件被选择，进而规划得以完成，关于资源需求的新信息常常才得以知晓。

为了最大化资源的使用，组织会基于某个激活的项目组合组件的期望结束日期来向已获授权的项目组合组件承诺资源（通常被称为软性预订）。未能预料到的延误或项目组合组件间未为人知的依赖关系，都可能导致期望某个资源时资源却不可得的处境。

当这些组件被批准投资时，资源分配应该考虑战略的意图和预测的价值或项目组合组件的收益。拥有更高的期望的收益和更强的战略意图的项目组合组件，在该项目组合的组件被批准并注资时，在资源分配上应该拥有更高的优先级。

除了资源分配的战略意图和收益，组织的风险偏好也需要考虑进来，还要确保威胁和机会得以平衡，以便优化项目组合的价值。

资源瓶颈和制约因素应该在项目组合的执行期间持续地被识别和监督，并且及时地对瓶颈资源和资源平衡实施适宜的策略，最小化其对项目组合绩效所有不利的影响。

对项目组合进行资源分配，要在整个项目组合层级争取供应与需求间最优平衡的同时，在项目组合执行期间需要持续地评审与分析，以便做出调整和路线的纠正，进而确认期望的项目组合价值得以被保持与最大化。在批准项目集和项目的变更请求时应该考虑到在项目组合层级上对资源管理的影响(对项目组合其他组件的影响)。

5.6 供应与需求优化

供应与需求优化涉及持续地测量和监督资源，以适合在项目组合的执行期间对所需的路线进行纠正和调整的目的。

持续地监督供应与需求的关系对项目组合的成功至关重要。项目组合经理要分析资源的使用和有效的项目组合组件变化着的资源需求，以及按照资源的可用性规划和批准的项目组合组件资源需求等方面的信息。然后，项目组合经理要以这样的方式——在正确的时间、用正确的资源、做正确的项目来分配资源，识别出正确的资源，并且把它们在正确的时间匹配给正确的项目。当资源受到制约时，组织可能无法完成规划的组件，进而可能需要重新指定项目组合组件的优先级。

在执行项目组合时，对项目组合经理而言，至关重要的是保持风险偏好与资源产能和能力间的紧密对正与平衡，确保在能容忍的风险敞口水平内，有充分的资源产能与能力可用来管理项目组合。

贯穿整个项目组合的执行，资源、项目组合进度和所有相关风险间的关系被清楚地识别出来且管理好是很重要的。减轻策略或优化测量都要落实到位，以保护项目组合的预期价值与收益。

重要的参数、关键的趋势与模式及经验教训都应该作为测量与监督过程的一部分被捕捉。这使组织能够建立一个知识基础库——一种组织资产，未来可应用在产能与能力规划中，将具有极大的价值。

为了成功应对此挑战，组织应该具有一个精益的结构和健全的变更管理过程，以提升响应行动和相关决策的敏捷性、有效性和及时性。高效的端对端式的变更管理，包括识别、影响评估、沟通、处置及实施，这对确保项目组合的价值及其相关收益是至关重要的。

对项目组合组件的变更，如超支、对范围的变更、终止及重新安排进度，都会驱动资源的优化与平衡。项目组合管理团队需要识别项目组合组件变更所导致的资源影响。项目组合经理需要与项目组合相关方沟通，并且获得来自项目组合相关方对随之发生的进度变更的赞同，确保项目组合绩效的优化。当健全的监督和控制系统恰当地存在，项目组合的决策制定者能了解项目组合的当前状态、与计划的偏差及实现战略目标与目的的前进路径时，这类变更就可以被容易地实现。

与项目组合的相关方积极、持续地接触并聚焦于产能和能力，在识别和评估所有与资源相关的潜在风险或问题时是极其重要且有益的。一旦风险或问题得以被识别并评估，就要构想和实施风险应对方法，从而避免昂贵的中断或混乱。反之，可用的资源过多也可能导致项目组合的组件超前完成。

5.7 组织能力

能力是一个组织为了交付商品和服务，通过人员、过程和系统来执行整个组合动议的本领。能力创造出的胜任力提供了在市场中的竞争优势，并且能交付客户期望的价值，进而达成组织的目的与目标。因为组织能力涉及多种胜任力，通过内部的过程和系统来予以应用或运用，存在着一个进化的路径。当遵循它时，这个路径会使组织变得更加安排有序、系统化，也更加成熟。随着时间的推移，伴随着组织能力的成熟，要想获得成功就从依赖英雄主义和/或个人的才能转变成依赖文档记录的、标准化的过程和系统。

能力不同于产能。产能指某个组织当下能做多少，而能力则指组织的潜能，可能被利用也可能利用不了。此外，能力也可能指在某个时间点上当产能不足时，一个组织增加所需资源来执行工作的能力。所有特征的总和代表着所有资源贡献的总和，也代表了组织的能力。同时，已实现的或资源实际贡献的总和，就是组织的产能。协同作用也要纳入这个方程式中——资源贡献的总和并不是一个简单的数学方程式。在复杂的系统中，资源贡献的总和可能比简单加总更少或更多，而且正是这个复杂的关系使项目组合内产能和能力的平衡变得非常困难。

5.8 能力评估

能力评估是关于组织拥有或不拥有什么以及它能做和不能做什么的一个内部分析。换句话说，能力评估分析了资源方面的优势与劣势，从而有助于项目组合的选择、投资、执行和优化。优势是组织拥有并已经开发的能力，可以被开拓并发展成可持续的竞争优势，有的放矢地以价值主张为目标。并不是所有的优势都有潜力成为可保持的竞争优势，但是它们仍然会提供竞争的均势。劣势是缺乏或不充分的，甚至会妨碍组织发展可持续的竞争优势的能力。组织需要处理会妨碍组织发展可持续的竞争优势的明显的劣势。

评估可以给组织提供有价值的信息，以便：

- 获得对组织当前状态的了解；
- 识别出现有的和期望的组织能力间的差距；
- 接收基于事实的阻碍项目组合管理成功的潜在障碍的早期预警；
- 评估组织的敏捷力；
- 了解为了达成组织的目的，需要做什么及何时做；
- 定位好组织，以便预先处理能力差距，而不是在其出现时才对它们做出反应；
- 发现为了长期的成功要如何、何时及在哪里应用关键的资源；
- 为了达成和保持完整的组织能力，提出以事实为基础的建议和制订可实现的计划。

5.9 能力发展

组织要持续评估它的环境，识别出要开发的与业务战略和市场条件保持一致的新能力，或者保持现有能力。

5.9.1 开发新能力

开发组织和个人的能力，依赖保持、改进或发展必不可少的胜任力。胜任力有一些特征，包括知识、技巧、能力、自我意象、特质、心智模式、感觉及思维方式，这些被应用于适宜的角色时，会获得期望的结果。个人的或集体的绩效，以一系列的胜任力为基础，会对商业结果产生积极的影响。关键的可期待的胜任力包括：

- 在管理人力资源方面的经验；
- 关系管理；
- 咨询技巧；

- ◆ 领导力和跨越组织边界的能力；
- ◆ 沟通技巧；
- ◆ 在处理全球化和文化问题方面的效力；
- ◆ 道德行为；
- ◆ 评估信息来做出关键决策的能力；
- ◆ 商业才干。

对任何一个组织而言，挑战在于要赶在竞争对手前就培养这些能力。还会有其他驱动要素激励着组织去培养新的能力或扩展它现有的能力。这些驱动要素包括：

- ◆ 组织的文化；
- ◆ 客户的需求；
- ◆ 长期变化着的市场与趋势；
- ◆ 对紧急的外部或内部事件的应对。

在详细地规划前，可能很难预测横跨项目集、项目和运营工作的整个项目组合的资源需求。通常只有伴随着项目组合经理和相关方选择好项目组合的组件并实施详细的计划，才能发现关于所需资源和能力的新信息。

组织在考虑培养所需的能力来支持组织的和项目组合的战略时，要时刻记住一些能力要素，包括：

- ◆ 使命。发挥能力的目的，它将如何起作用，以及作为组织的战略的衍生物它将会交付什么。
- ◆ 才能。技能、动机及用人总数规划，基于其执行能力，获得最优化的人才。
- ◆ 过程。一系列过程与活动，用来获得期望的产物。
- ◆ 技术。所需的系统，支持能力的开发和保持。
- ◆ 整合。清晰的角色、决策权和政策，为组织各部门提供信息。
- ◆ 洞察力。信息、逻辑分析方法及决策流，促进了解情况并及时决策。

组织常常要面对战略的挑战，决定如何运用它有限的资源。不仅要培养能力来获得竞争优势，还要使这个优势能够保持。很重要的是要理解能力通常都是相互依赖的。组织应该以一系列优化的能力作为主要关注的目标，通过聚焦于相互关联的能力，延展有限的资源来培养可保持的能力。例如，为了加快速度，组织很可能需要以快速学习、快速创新或快速合作为目标。伴随着一种能力的提升，可能转而提升其他能力。提升能力可以强化领导力特质，因此努力提升任何一种能力都会增加领导潜能。伴随着领导力的提升，常会面对才能和合作的问题，而且在解决这些问题的过程中，组织通常会强化其职责与学习。

5.9.2 保持现有能力

为了提升某个能力的竞争优势的可保持性，管理者们应该着力于对组织内互联而又分层的、不同的过程植入能力，就是强调过程、技术和整合能力要素。通过建立一个正式的角色和组织层级系统，对能力的使用做出慎重的决策，组织就能够提升其能力的可保持性。

能力的保持也需要通过定期的检查来进行洞察。这些检查包括实施能力审计来帮助测量，进而最终增强组织的能力，并且测量与新的/已提升的能力相关的收益的实现。

5.10 绩效报告与分析方法

绩效报告与分析方法涉及识别、捕捉和分发数据及相关的就进展、趋势和模式的分析，来帮助做出项目组合决策。产能和能力相关参数的适用性、选择和频次都是由项目组合的规模、复杂性和性质及组织文化来决定的。

产能和能力相关的参数贯穿项目组合管理的始终，都是极其重要的，它们对建造历史数据和知识库也极具价值，可以在未来的战略周期或项目组合管理活动中予以利用。

5.11 平衡产能与能力

为了高效地执行与优化项目组合，产能和能力需要平衡，实现战略目的与目标，从而向组织交付价值。组织变革管理是最优平衡项目组合需求的产能和能力的关键。

项目和项目集都是受需求驱动的，试图填补与某些产品、服务或组织能力相关的能力差距。需求是通过项目过程来平衡的，以便交付优化的解决方案。类似地，在项目组合层面，能力差距也是通过产能和能力的平衡来予以缩小的。在项目组合层面进行的平衡，并不涉及需求间的权衡。相反地，它会涉及资源的权衡，以便平衡组织的潜力、其能力在其当前运营状态中的应用及其产能。

平衡并不必然意味着要达到组织理论产能的最大值，并不是要最小化能力差距而不顾及其他因素。平衡产能与能力并不是个简单的任务，因为它是复杂系统的一部分。在复杂的系统内，组织需要考虑很多相互依赖的关系。平衡的产能和能力涉及整合组织的战略计划、组织的过程资产、项目组合的过程资产及事业环境因素。有活力的能力与产能对创新是至关重要的。

平衡有活力的产能与能力尤其困难，因为它主要处理人员或软技能。作为这个平衡过程的一部分，横跨所有方面，产能和能力的差距都要被填补，但不一定必须最小化。

第 6 章

项目组合相关方参与

组织战略定义了组织实现其愿景的路径。项目组合管理是指一个组织通过将组织的有限资源引导到最支持战略实现的项目组合组件、实现所定义的战略的方法。组织战略的实施对于与组织打交道的其他组织或个人也是很重要的。

项目组合相关方是指能影响或被影响，甚至自认为会受到项目组合的决策、活动或成果影响的个人、组织或小组。此外，影响组织实现目标（积极或消极）的能力的个人、组织或团体也应被视为相关方。大量的个人和团体可以被视为相关方，在某种程度上直接或间接地受到项目组合活动的影响。当与他们接洽和沟通时，要清楚应该关注谁及如何精简冗长的潜在相关方清单。项目组合层级的相关方列表与项目组合组件层级的列表有显著不同。差异不仅与相关方的层级（往往项目组合层级的相关方将处于更高的管理层级）有关，还与所涉及的相关方的利益有关。项目组合相关方主要解决交付策略和分配资源，而项目集主要涉及收益管理，项目则要处理质量、时间和成本这些交付范围。这些不同的利益意味着项目组合相关方和项目组合组件相关方是不同的角色。

相关方参与的一个不可分割的部分就是项目组合的沟通管理，包括制订项目组合沟通管理计划和管理项目组合信息的分发。沟通策略关注生成和/或获取所有相关数据，并满足相关方最重要的信息需求，从而做出有效的项目组合决策，满足实现组织目标的需求。透明化沟通可能是一种沟通策略，可以降低沟通不充分的风险。优先级和状态的透明化为项目组合经理提供了可信度，能够与相关方建立良好的关系，并且有助于在项目组合与组织战略和目标不一致时减少投入资源。

本章主要包括如下内容：

6.1 概览
6.2 指导原则
6.3 项目组合相关方的定义和识别
6.4 项目组合相关方的分析
6.5 规划相关方参与
6.6 识别沟通管理方法
6.7 管理项目组合沟通

6.1 概览

相关方参与包括一些实用的实施主题，如与项目组合相关方合作以最大化项目组合和组织的绩效。项目组合经理经常使用适合语境的模式和技术与相关方进行沟通。项目组合经理促进相关方之间的沟通来谈判协议并制定项目组合决策。

被识别的会受到项目组合执行影响的三个主要相关方群体包括：

- **组织的行政领导和经理。**这些相关方需要获得组织的资源来执行和实现他们的既定目标。每次项目组合管理导致资源从一个（潜在的）组件转移到另一个，行政领导和经理的关键利益都会受到影响。
- **为项目组合组件工作的内部和外部的组织及个人。**这些相关方拥有与相关组件出资和方向密切相关的个人利益。项目组合极大地影响启动和继续这些组件工作的决策。
- **项目组合组件的内部用户或外部用户及客户。**这些相关方（个人和组织）既有隐含的，也有明确通过文件记录的与项目组合组件相关的需求。项目组合中的组件优先级会影响这些需求的满意度。

与这些主要相关方团体一起，许多其他相关方也会受到项目组合的影响，包括流程负责人、供应商、负责治理的个人、股东、政府甚至公众。

项目组合及其组件的成功执行，对这些相关方的利益产生了强烈的影响，同时自身也受到他们的强烈影响。项目组合相关方的参与涉及所有形式的沟通，要在项目组合层面告知、影响和促动相关方。

争取相关方不是本章所描述的活动和方法的最终目标。相反，它是一种手段，项目组合经理通过它，支撑在执行既定战略方面取得的卓越成就。

这意味着要透明化、负责、担责、公正；确保项目组合组件的投资与组织的战略和治理实践相一致；获得并维持高级管理层和关键相关方的赞助和参与。有效的项目组合相关方参与和沟通管理将培养一种拥抱变化和风险的文化，同时支持组织驾驭复杂性来取得成功的结果（参考《项目复杂性管理实践指南》[9]）。

积极参与的相关方对项目组合的价值和方向有清晰的了解。他们清楚地知道项目组合对他们的利益的影响，并且将有很多机会使他们的利益与项目组合的利益相一致。持有相反利益的相关方可以根据战略实现的价值来调整他们的期望。

相关方参与和沟通的关键迭代步骤包括以下方面，在后续章节中还会进一步讨论：

- **相关方的识别和分析。**识别和分析战略层面的相关方，然后制订参与计划。
- **相关方参与规划。**概述项目组合管理原则、流程和活动，以争取相关方。
- **相关方参与活动。**及时评估项目组合组件的选择、优先级和绩效，尽早识别项目组合层级的问题和风险。

在第 6.6 节中描述了项目组合沟通方式的管理。项目组合沟通促进受影响的内部和外部相关方、个人或团体之间双向有效的对话，包括：

- 执行经理；
- 运营经理；
- 治理机构；
- 赞助商；
- 项目、项目集和子项目组合经理；
- 供应商和外部资源提供者；
- 监管机构；
- 其他。

为了制订项目组合沟通管理计划，除了确定沟通需求，相关方的识别和分析也是必要的。

在规划项目组合沟通时，项目组合管理计划可以识别一些主要的相关方，如执行经理和发起人，他们对项目组合的成功负有责任。规划时会发现额外的相关方，这些相关方需要或可能受益于拥有项目组合的进展、绩效和变更的知识。这些额外的发现反映在对项目组合管理计划的更新中。伴随着一个完整的相关方清单被汇编出来，重要的是要确定相关方的信息需求和他们的首选沟通模式。制订一个强有力的沟通管理计划，需要从各种其他项目组合管理过程，如绩效和风险管理中寻求输入。

项目组合沟通辨识出广泛和多样化的相关方，从高级管理层到执行基础任务的个人及第三方。项目组合相关方的信息需求比项目集/项目层面的沟通更为多样化，主要是由于相关方的广度和多样性。规划项目组合管理报告中的透明度，对于早期发现要素是否丢失，以及管理由于不充分或不一致的沟通导致的风险很重要。透明化沟通在规划资源的最佳使用时也是有价值的。

表 6-1 列出了各种相关方的角色和他们在项目组合中的典型利益，作为他们潜在的沟通需求的指南。

表 6-1 相关方利益表

相关方群组	相关方角色	相关方利益	相关方期望
项目组合发起人	• 提供资金 • 提供资源 • 提供高层级范围	• 满足组织目标的收益和成果	• 定期告知项目组合投资回报、关键里程碑、风险、成本和进度
项目组合治理	• 监督项目组合 • 设置优先级 • 管理花费 • 报告进展 • 管理收益适时地交付	• 项目组合绩效 • 治理决策 • 变更决策 • 对发起人和治理机构的关注	• 成为针对目标对项目组合进展情况最了解的当事人 • 意识到所有后续的发展
PMO	• 确保项目组合管理最佳实践得到遵守	• 项目进展 • 经验教训总结 • 开发 PMO 材料以备将来使用	• 接收所有项目组合变更及项目组合需求的通知
合同管理团队（供应商、律师）	• 确保资金完备 • 管理合同 • 确保承包方人员的高效可用性	• 财务战绩 • 项目进展 • 合同变更和影响	• 比对合同中的可交付成果，了解进展 • 了解合同的任何变更，包括增加的资源需求
项目组合组件团队	• 报告进展和组件的完成情况	• 项目组合变更 • 项目组合风险和问题	• 接收所有项目组合变更、风险和问题的通知
项目组合经理	• 建立并实施项目组合管理 • 确保各组件之间适宜地沟通和协调 • 设计和改进流程 • 调整项目组合组件 • 与项目组合治理机构沟通	• 项目组合与战略目标的一致性 • 通过平衡项目组合组件为组织创造价值 • 项目组合相关方与组件经理之间有效沟通 • 有效利用项目组合资源	• 充分了解组织的战略目的和目标 • 为项目组合组件提供足够的资源 • 被授权可以与所有项目组合相关方沟通
外部相关方	• 持续了解项目组合及其组件的资金和去向 • 根据各组件的进展执行工作决策	• 项目组合和组件的执行对其需求和利益的影响	• 关于项目组合及组件执行和进展的全面且开放的沟通 • 适当考虑他们在实施项目组合和组件方面的兴趣和关注点

6.2 指导原则

因为项目组合管理中的所有过程和活动都涉及某种类别的沟通，可以说相关方参与能与本标准中的所有其他绩效管理域协同增效。本章不太关注直接与项目组合管理职能的绩效联系在一起的那些信息的定期交换，而更加关注通过双向的沟通与互动来争取项目组合相关方有意识的活动。

虽然第 1.7 节中列出的所有原则都与项目组合相关方参与和沟通管理有关，但在指导本章所述的方法和活动方面，以下原则尤其重要：

- ◆ 努力获得卓越的战略执行力；
- ◆ 强化透明性、负责、担责、可持续性和公正；
- ◆ 确保项目组合组件中的投资与组织的战略和治理实践相一致；
- ◆ 获得并保持高级管理人员和关键相关方的赞助和参与；
- ◆ 培养拥抱变化和风险的文化；
- ◆ 驾驭复杂性，以获取成功的结果。

6.3 项目组合相关方的定义和识别

相关方在项目组合、项目集和项目管理的各个方面无处不在，因此，在各个领域的相关方的识别和分析有很大的相似性。项目组合相关方的识别和分析与项目集或项目相关方参与有什么区别？

虽然项目组合管理活动在项目集管理乃至项目管理中都是有用的，但项目组合相关方参与本质上是一种战略活动。项目组合相关方参与主要涉及那些战略层面的相关方，而不是那些项目集或项目层面的相关方。例如，根据项目不同，项目人员可能甚至都没有意识到那些对持续运营和组织的未来至关重要的相关方。

也可能有战略层面的协定和关系需要在组件（项目集和项目）中遵守。本章集中关注识别在战略层面上负责经营的相关方，然后制订参与计划。这些是在项目组合范围内所有的项目集和项目相关方都应该适当知晓的政策和程序。

在这个层面，相关方既包括关键个人，也包括实体。除了在战略层面采取行动，项目组合相关方的聚焦点就是交付战略，尤其在战略的动议已经被分配给该项目组合时。

重要的是，如果没有必要，项目组合相关方的识别和分析活动并不约束或限制与项目集和项目的互动。因此，重点是指导和促进，而不是限制（尽管后者可能发生，因为相关方间当前存在的协议应该被考虑）。

在战略层面，项目组合经理可以访问在组织中较低层次的人可能无法获得的信息。项目组合经理在确保当前和未来的项目与组织战略的一致性方面起着关键的作用，并且可以掌握关于组织能力将如何发展及项目集和项目将获得什么样的胜任力和能力方面的知识。

由于项目组合信息潜在的敏感特性，尤其是在组织的最高级别上生成可用的与竞争和专利有关的信息，通常都要建立防范措施，并强制限制某些相关方（那些可能试图潜在地影响组织的战略目标绩效的人）及那些消极对待优先决策的人对其访问。这些相关方可能包括竞争对手、供应商或客户。对后面这种情况的担忧应该在组织和项目组合级别的治理指南中予以适当处理。

6.3.1 相关方的分类

在一个组织中项目组合管理的存在，意味着在该组织内存在着许多预期的或在做的项目集或项目。从本质上讲，任何大型组织都在这样的环境中工作：除了该组织的内部相关方，还会包括实际的和潜在供应商、客户、竞争对手、监管者和其他利益相关方。

通过设计一个分类法（有序排列组或类别），对战略相关方进行分类可能更容易些。所开发的通用语言会改进项目组合组件间的互动，并有助于减少冲突。例如，当项目组合中有很多项目集或项目时，可能存在对稀缺资源的竞争。标准化术语可以更容易地解决这些问题，还可以帮助创建一个可以做出预先安排的外部相关方的清单（如批准的供应商清单）。这些活动及其他常见活动可以减少项目组合组件的启动时间，并且改善组件经理和相关方间的沟通。

使用组织战略作为指导，项目组合经理可以识别相关方的类型，并且识别要与其建立和维护关系的优先方，将这些关系维持到接下来的项目集和项目。

还要注意，战略是一个相对的术语，它取决于项目组合存在的管辖范围。例如，它可能在国际或国家层面（如联合国或政府）、组织层面，甚至在业务单元或更低层面。

因为市场是动态的，只要项目组合存在，对相关方的分类就是一个持续的活动。相关方类别包括：

- ◆ 高级管理者；
- ◆ 战略盟友；
- ◆ 承包商；
- ◆ 监管机构；
- ◆ 竞争对手；
- ◆ 利益和行动团体；
- ◆ 细分客户；
- ◆ 可能在项目组合层面运作的其他各方。

这些相关方主要是组织，也可能包括特定的、影响力大的个人。

6.3.2 识别相关方

项目组合管理指导整个项目组合及其组件并为其指明方向。项目集管理也可以这样做，包括指明方向，但是项目管理的作用是执行，因此项目组合管理不能超越其职责。这一点也适用于相关方参与。重要的是，要理解项目组合相关方参与，并开发出一份运行范围概要。如前面所建议的那样，项目组合相关方参与倾向于聚焦在战略层面，而不是在战术层面；无论如何，可能都要给出建议，并且在必要时做出规定，以避免对项目集和项目施加不必要的限制。

6.4 项目组合相关方的分析

识别相关方是一个持续的过程。应该周期性地实施粗略的分析，确定相关方是否能够被方便地分组。然而，重要的是要记住，在每个小组中，都有需要被单独和分别对待的关键成员。

为了识别相关方的关键关注点（或观点），表 6-2 可能有助于表达这些关注点。

表 6-2　关键相关方语境示例

谁	关注点	语境
所有者	针对问题或机会需要一个解决方案	表达战略（战略计划）中的需要 执行代理人：发起人
建筑师	描述所有者的需要	在建筑设计中
工程师	设计解决方案	在规格、图纸和模型（或用例）中
建设者	实施解决方案	在虚拟的（过程、结构和数据）和实物工件中，它们组合成一个工作系统
用户	使用解决方案	代理人：解决方案所有者
社区	接收解决方案的收益或受到解决方案的负面影响	代理人：政府和监管当局，目的是保护其利益

项目组合经理的关键职能是解释组织战略，并且理解从战略动议到组件都可以被定义、分类、评估，以便它们被结合起来，如形成项目集，或者作为一个单独的项目来运行。

如表 6-2 所示，每个项目组合都有相关方，他们在不同的层次运作，并有不同的利益。为了识别他们可以使用共同的条款。有些人有特定的利益，另一些人（如监管机构）可能有一个压倒一切的利益，以确保一个相关方的利益不会不必要地影响其他人的利益。例如，许多国家都有治理竞争的规则，对可能被认为勾结的行为给予严厉的惩罚。重要的是，要收集有关这些规则的信息并将其包含在项目集和项目指南中。

6.5 规划相关方参与

相关方参与规划是项目组合经理的关键活动之一。项目组合经理关注组织战略，将战略转化为组织中的运营计划，并且进行校准与沟通。在运营计划中执行的组件和这些动议如何支持组织战略必须有明确的联系。

因为所有的战略计划都要被定期审查和修订，特别是在充满竞争和不断变化的世界市场环境中，所以项目组合应被经常审查，以确保修订的战略和对正被执行的运营计划的动议之间的一致性。因此，相关方参与计划应该包括沟通的触发因素和接下来的相关方参与，因为项目组合会随着战略计划的变更而被审查和调整。

6.6 识别沟通管理方法

在识别项目组合内最有效的沟通方法时，应该考虑很多因素。这包括从组织的项目组合治理实践和流程，到项目组合管理团队可用的资源，以及资源在项目组合路线图和项目组合管理计划指南中的使用。

6.6.1 与治理保持一致

确保项目组合沟通管理计划与组织的项目组合治理要求和流程相一致是很重要的。项目组合经理应该确保他们能够访问这些流程，而且，如果组织没有正式的文件，那么项目组合团队需要开发所需的治理来运行项目组合并得到发起人批准。

这些原则和目标应纳入沟通管理计划。高层管理者应基于组织的基本规范、规则和价值来定义组织治理，它将成为开发项目组合治理实践，包括沟通管理的基础。由于项目组合治理实践结合了组织的治理原则，它们向下渗透到项目组合组件，以便提供控制、整合、决策和常规的监督。

6.6.2 沟通的基础设施

项目组合包括批准的和潜在的项目组合组件列表及关于组件的其他描述性信息，如依赖性、努力程度、接触点和其他仪表板类信息。沟通的基础设施包括用于沟通项目组合状态的所有的组织和项目组合管理流程、策略和技术。项目组合组件的知识可能影响所用的沟通方法，它们被用于在项目组合（相对于组件）层面加强和标准化沟通，并且评估沟通策略。项目组合组件列表对理解所需的沟通的整个范围至关重要。

项目组合路线图有助于理解项目组合的结构，识别项目组合组件间的相互依赖关系，并且确定项目组合组件如何组合在一起，以便制订实现组织战略和目标的计划。对路线图的明晰且及时的沟通，以及对它的任何改变都是项目组合沟通的基础部分。项目组合沟通管理计划可以包括关于项目组合组件之间相互依赖的关系的信息，这些信息可能影响项目组合的沟通目标。

6.6.3 项目组合管理计划

项目组合管理计划提供了项目组合的范围和目标及主要的内部和外部的项目组合相关方初始清单，包括治理模型。项目组合管理计划是确定项目组合各层级的从属关系和制约因素，以便有效监督的指导性文件。项目组合管理计划描述了用于识别、分析、选择、批准、排序项目组合组件并为其制定进度和确立优先级的规划方法。项目组合管理计划的所有要素都有沟通需求，如需要向治理机构、项目组合经理和相关方沟通的风险。项目组合管理计划的变更可能引入新的相关方或新的沟通需求。

项目组合沟通管理计划可以是项目组合管理计划的一个子计划，或者可以包含在项目组合管理计划中。项目组合治理计划可能也是项目组合管理计划的子计划。

6.6.4 项目组合报告

项目组合报告包括各种报告，如项目组合状态或进度报告、绩效报告、项目组合风险报告、项目组合仪表板、电子表格和来自全部项目组合组件治理的总结报告。项目组合绩效报告可以提供关于每个项目组合组件总投资的信息，作为评估项目组合价值的沟通信息。一些组织用仪表板沟通以提供一目了然的状态信息。这些报告的格式和内容应在项目组合沟通管理计划中定义，为规划项目组合报告提供模板、标准表格、流程和程序。

6.6.5 项目组合过程资产

与规划项目组合沟通有关的项目组合过程资产包括但不限于：

- 经理的角色和职责；
- 状态报告；
- 具有重大风险和问题的风险概况或风险评估；
- 预测（与计划的偏差）；

- ◆ 治理决策；
- ◆ 融资决策；
- ◆ 资源决策；
- ◆ 价值评估；
- ◆ 对沟通责任的授权。

6.6.6 沟通治理和组件接口

项目组合治理的成功实施完全依赖与所有相关方的有效沟通。认真分析所有参与者的需要和愿望，是确保适当的信息以及时、有效的方式流动的必要条件。

6.6.6.1 启发式技术

因为项目组合相关方和相关方的沟通需求随着时间的推移而变化，对项目组合经理而言重要的是要争取相关方参与，以确保项目组合沟通管理计划与他们的需要相一致。这可以通过访谈、问卷调查、相关方会议和关于沟通有效性的经验教训会议来实现。

例如，通过会见相关方，项目组合经理可以观察规划的沟通，以获得对项目组合沟通计划的反馈。头脑风暴有助于识别以前未考虑到的新相关方群体，在这些会议中，项目组合相关方也可以确认或建议对沟通需求的变更。

6.6.6.2 沟通需求分析

在沟通需求分析中，需要评估用于向相关方传递信息的途径或工具及规划的频率，以确定是否应该进行变更。要列出可用沟通方法的列表以评估备选方案，并且确保最佳途径正被用于满足相关方的需求。

要进行审查以识别冗余沟通。有些冗余沟通是有意图的，以便能到达多种类型的接收者，而且使得接收者对接收信息的不同偏好得到满足。可能需要做出选择，识别哪些沟通是主要的、哪些是次要的、哪些应该停止。

沟通矩阵可用于捕获和记录分析的结果。表 6-3 是一个沟通矩阵的示例。沟通矩阵是建立沟通管理计划的基础。

表 6-3　沟通矩阵示例

沟通范围	频率	预期接收者	沟通途径
项目组合治理决策	季度和月度	项目发起人 项目组合经理 PMO 合同管理人员	内部门户的季度和月度报告
项目组合仪表盘	每周/每月	项目发起人 项目组合经理 PMO	治理会议、电子邮件分发、内部门户的项目组合仪表盘
项目组合绩效报告	每周/每月	项目组合发起人 PMO 项目组合相关方 职能经理	治理会议、电子邮件分发的状态报告、实时通讯、博客、内部门户的项目组合仪表盘
关键风险和问题更新	每周/每月	项目组合发起人 项目组合相关方 职能经理	治理会议、电子邮件分发的状态报告
资源利用	每周/每月	项目团队 项目团队成员 主题专家	治理会议、电子邮件分发的状态报告、内部门户的项目组合仪表盘

注：通过多种途径进行沟通不一定代表沟通有冗余。有时，多种途径对于满足多种类型的信息接收人或对接收信息有不同偏好的信息接收人而言是必需的。

为了完成项目组合的沟通需求分析，对组织文化的评估有助于确保项目组合沟通管理计划适合组织。如果组织通常对技术较擅长，门户网站可以被规划为更广泛地报告信息的主要载体。如果组织对技术方式不擅长，可能更喜欢纸质报告和电子邮件。组织文化的更新可以反映在矩阵中。

6.7　管理项目组合沟通

在与项目组合相关方的沟通中，重要的是要不断考虑双方商定的治理和相关方的沟通需求。这意味着对项目组合内容、治理或路线图的任何变更都要被传递给相关方，并且沟通矩阵要做相应的更新。

在项目组合管理计划执行期间，会确定新的沟通或信息管理的需求和方法。这些更新包含在项目组合管理计划中或包含在其子计划——项目组合沟通管理计划中。

第 7 章

项目组合价值管理

项目组合价值管理确保在项目组合中的投资能如组织战略中所定义的那样交付所需的回报。这是相关方在定义项目组合组件（如项目和项目集）方面的方向性表达。

本章主要包括如下内容：

7.1 概览

本章节阐述项目组合的价值管理绩效域，并且讨论相关的概念，如最大化价值、确保价值及实现价值。

7.2 指导原则

所有的项目组合都要被管理以提升和保持组织价值的，无论其价值是有形的还是无形的。为了能最大化价值，在项目组合的层面上，组织应该坚守一系列原则来成功地引导它。在第 1.7 节中列出的所有原则对价值管理都很重要，然而，下列原则由于直接影响着组织的价值，尤其适用于本章。

◆ 确保项目组合组件中的投资与组织的战略和治理实践保持一致；

◆ 比对整体风险来平衡项目组合的价值。

价值管理的目标是不受组织的性质支配的。无论组织是一个私营企业还是一个政府机关，定义出的组织价值目标都会驱动其战略，影响它的治理实践和战略管理过程，以及如何管理风险。

7.3 价值管理是什么

价值在数理、道德、经济及管理等不同领域中的定义，因视角不同会有差异；然而，究其本质，它们都围绕着一个核心概念，即价值是衡量实体/服务所实现的影响力的一个指标。这些影响力可以体现在很多方面，如提高的收入、增加的利润或降低的风险。价值是与情境相关的。一个组织所预期的影响力由其终极目标及世界观驱动，并进而体现在其战略中。实体/服务价值的提升包含两个层面，即影响力的扩大及该影响力与组织战略间相关性的提高。高价值体现在该实体/服务对组织环境有显著的影响，并且那些影响与组织战略相匹配。价值的表现形式在不同情境下也并不统一。公共事业机构通常为了节约成本并提升公民满意度而认为与之相关的行动更具有价值；私有企业更倾向于采取能够提升收益及利润的行动；非政府组织最看重的则在于最好地提升与其使命相关的产物的价值。

重要性也可能会被冗余破坏掉。在一个援助项目集——用船运送食物到灾区中，食物具有价值，可能会以在一个时期内没有被饿死的幸存者数量的方式来测量。如果食物运送速度比分发速度快，过量的食物在被消费前就可能腐坏，那么这些过量的存货在这个特定项目集中就没有了价值，因为它将不会贡献任何影响。

为了让价值能被认可，需要测量。测量装置和测量方法都应该定义好，并且要与该组织和所要控制的效果相关（更多测量的信息请参见第 7.9 节）。与价值相关的参数，可能依附于有形的和无形的产出或效果，就像价值会是有形的或无形的那样。有形的价值可以被直接测量，包括的项目有：

◆ 技能的提升；

◆ 资源产能；

◆ 市场份额；

◆ 客户满意度。

经济价值是有形价值的一种，而且，在什么地方产生经济价值，通常正是项目组合经理要思考的关键事项。经济价值的提高可以通过以下方法实现：

◆ 改进生产能力，可以通过替代的人力资本或通过减少在输入资源方面的投资，如人力资本、财务资产及智力资本等方法；

◆ 提高活动量，而不必提高生产能力。

无形价值不能被直接测量，尽管可能会有一些间接的测量方法。无形价值包括的项目有：

◆ 品牌意识；
◆ 组织的美誉度；
◆ 风险敞口；
◆ 合规性；
◆ 社会价值。

价值的测量不必直截了当，尤其是某些组织在不可控的环境中运营，通常会用多个战略来指向相同的终点。一个上市组织的价值，尽管在其市场资本总额的基础上可以被直接、透明地测量出来，但是测量以该品牌的消费者的看法为基础的价值就有可能需要一种间接的方法。连锁酒店可以使用提高忠诚度方案来驱动利润，但是也有其他方案具有相同的目的，可以选择通过测量一些指标，如会员数、来自会员的净推荐值及会员平均利润等，来区分出提升忠诚度方案的测量方法。灾区的食物救助项目集试图挽救生命，但是除了饥饿，还可能存在着其他对生命的威胁，包括疾病和武装冲突。救助机构可能寻找更加细致微妙的测量方法，除了原住民数量的存活数，可能还会关注由于营养不良或其他痛苦得以被救治的人数。

7.4 价值管理的组成部分

在把项目组合对环境的作用、组织的目的及可能导致创建或重构一个项目组合的战略开发联系起来的场景中，对高效的项目组合价值管理而言，需要很多关键的活动。为了高效地管理价值，项目组合经理应该：

◆ 协商期望的价值。协商应由项目组合所创建的价值，这需要在两个层面上考虑：
  ■ 作为整体，项目组合所针对的组织战略的目的；
  ■ 在项目组合内，根据所协商的项目组合价值框架，评估每个候选组件。
◆ **最大化回报。**最大化来自项目组合投资中的回报。规划并实施某个方法，在最低的、安全经济的成本上，对所需效果与价值没有负面影响地交付每个组件。这包括建模和评估各种方法来满足项目组合的目的，使用诸如项目组合的有效边界之类的技术及其他可应用的风险管理工具和技术。
◆ **实现价值。**确保投资到项目组合中所需要实现的价值得以达成。关键是要意识到，组件所要交付的产物的环境是有利于积极利用这些产物来追求所需的价值的。
◆ **测量绩效。**测量由项目组合中各个组件所生成的产物达成的绩效，如支持平衡计分卡。项目组合经理应该收集这些已达成共识的参数。
◆ 报告价值。报告基于这些参数所达成的价值。这是一种政治行为，因为所达成的价值要包括从可应用的风险、环境转变带来的影响及在组织目的或世界观方面可能的变化等视角来阐述的相关成就。

为了实现有效的项目组合的价值管理，项目组合经理需要建立一个包括项目组合的需求、影响因素及允差的模型，驱使项目组合的组件处于实现目标收益的方向。图 7-1 展现了一些要点，在此场景中把项目组合对环境的作用、组织目的及引领创建或重新形成某个项目组合的开发战略联系起来。

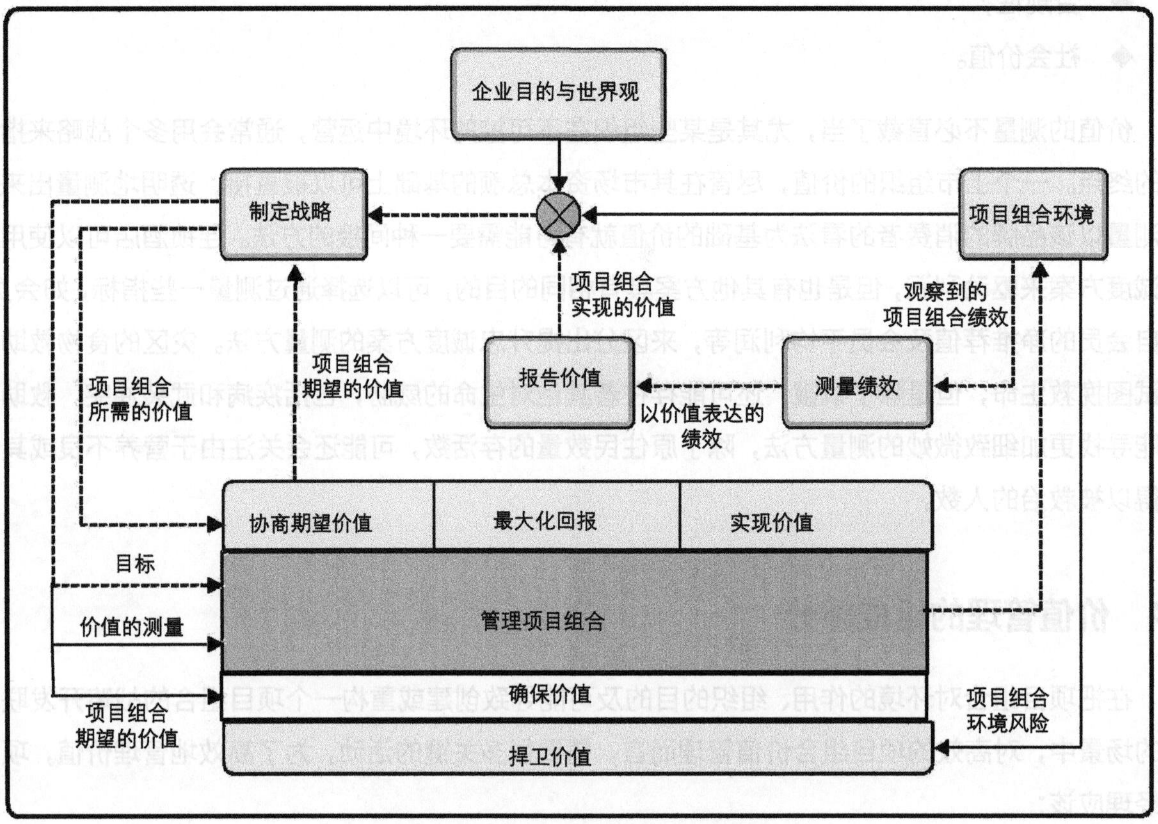

图 7-1　项目组合价值管理中的关键活动

从项目组合到驱动它的战略间有两个主要的反馈环。第一个反馈环是协商项目组合期望的价值，要考虑到由制定战略、指定预算、事业环境因素、外部和内部风险及组织风险偏好所导致的所需的价值。第二个反馈环则起作用更慢些，接受绩效的测量和已达成的价值，并把它们与环境观察和组织的目的及世界观结合起来，形成战略。两者中第二个反馈环的影响更大些。

本章中讨论的所有活动的基础是：(a)需要确保在项目组合层面的价值，建立一些组件要遵循的方法，并且追踪这些方法的实施及其影响；(b)需要捍卫价值。价值是通过有效管理项目组合环境中的风险，认识到机会管理也要被包含在风险管理中，来予以捍卫的。

7.5　协商期望的价值

项目组合经理比对所需的价值，协商由项目组合来实现的期望的价值，以便确保战略所开发的直接目的不会把组织置于显著低成就的风险上。作为协商的一部分，项目组合经理要移除冗余的价值，并且要校正期望和风险偏好。在组织内部，这种协商要求项目组合经理在组件负责人和战略职能间发挥桥梁的作用。

战略也要依据战略投资选项，投资选项关系到项目组合的一致性。这个分析要聚焦于新的和变化着的战略目标/目的，并且要指出作为一个整体，在该项目组合内，投资的差距在哪里。差距会给项目组合造成风险。

评价的方法包括但不限于：

- **权衡分析。**确定改变一个或多个项目组合要素的影响。
- **市场回报的可变性。**聚焦于定价和销售预测，依赖许多市场要素。改变一个或多个要素可能影响项目组合本身或项目组合的战略。
- **预算的可变性。**确定变更项目组合的影响。
- **绩效的可变性。**分析项目组合的绩效。
- **市场需求的可变性。**分析与项目组合相关的市场需求的变化。
- **上市时间的可变性。**确定项目组合完成速度的影响。

有三个概念会支持协商：

- **价值管理的框架。**为定义每个组件的目标价值提供了一个基准。
- **以证据为基础的价值说明书。**每个项目组合的组件都应该生成商业论证，该商业论证具有关于所需价值的以证据为基础（无论是有形的还是无形的）的价值说明书 ，包括时间表、实现的先决条件及责任。
- **有效边界。**一种建模方法，提供给决策制定者分析的工具，根据既定的有限资源优化项目组合。

7.6 最大化价值

项目组合的投资回报率测量投入成本所达成的价值。尽管所需的价值已经被协商好，项目组合经理还是应该以最低的、安全的经济成本实现项目组合所需要实现的价值。项目组合经理有大量的工具可用来实现这个目的，包括：

- 风险偏好，与指派给各组件的输入和输出质量相关；
- 应用于组件的设计指南，避免解决方案的要素超出规格；
- 解决方案制约因素的应用，迫使项目组合中各组件间或项目组合中的组件与其他项目组合中的组件协同作用；

- 关于单个组件的需求，以便实施有效的财务管理；
- 在项目组合层级实施有效的财务管理；
- 有效边界的使用。

有一个组织的风险，就是项目组合过分关注最大化回报，忽视其真正的要求。真正的要求是回报价值。迎合组织的管理体制非常容易，因此，项目组合经理就会变得聚焦于成本而忽视价值，逐渐损害所要实现的回报。在这个模式中，有效的项目组合财务管理是最大化回报的一个关键部分。

项目组合财务管理，包括识别项目组合的财务来源与资源，决定对构思过程的输入，为项目组合建立整体的预算，整合项目组合各组件的预算，通过治理获得对当前组件财务变更的批准，以及贯穿整个项目组合监督和控制成本等方面所涉及的活动。它依赖以下五大支柱：

- **项目组合财务框架。**明确系统和方法来协调可用的资金，确定制约因素并指定资金如何分配，以便使财务资源的使用与战略目的和优先级保持一致。
- **项目组合财务管理计划。**它是价值管理框架的一个组件，记录了项目组合财务的各个方面：出资的进度与里程碑、初始预算、合同的支付与进度安排、财务报告的活动与机制（包括外部的报告义务，如受什么法令所约束），以及财务参数。项目组合财务管理计划也可能被项目组合管理计划所参照。
- **项目组合组件的成本估算。**用来为项目组合确定自下而上的预算汇编。
- **项目组合预算。**它是通过把所有可用的财务信息收集在一起并以足够详细的程度列出所有的融资与支付进度计划而建立的，使项目组合成本能够作为项目组合预算基础的一部分得以被追踪。
- **财务管理工作。**一旦项目组合接收初始融资并且开始支付组件的花费，财务管理工作就转向追踪、监督和控制与期望收益相关的项目组合资金与花费，包括财务测量。

7.7 确保价值

确保价值的目的是，确保项目组合能够实现协商好的、反映在项目组合组件执行计划中的所需价值。价值来源于它的组件的输出集合。项目生成可交付成果，如会员申请流程的在线注册与账户管理系统。项目集则交付收益。在酒店忠诚旅客奖励计划中，某个项目集可能重新定义会员申请过程和会员级别，收益就可能包括对目标市场的简化管理和已改进的管理信息。

基础前提是，如果一个项目组合的组件成功地实现了指定的可交付成果，它就可能对从可交付成果到组件产物、收益、价值，一直到组织的使命这一关联链条做出它的贡献，如图 7-2 所示。该图显示了如果组件生成的可交付成果不能使目标变更成为可能，项目组合的价值将如何被逐步损害。确保价值旨在减少这个风险。一个项目集的收益通常会伴随着每个组件项目的完成而实现。在某些例外情况（如早期的收益实现）中，每个单独的项目的收益仅在项目完成之后才会出现。图 7-2 显示了一个周期，在任一点的活动都可能是持续不断的，例如，组织可能持续地开发和重新定义新的战略。如果该组织陷于混乱，那么它就会通过在任何一个最适合的点上介入的方式制定一个应对措施。

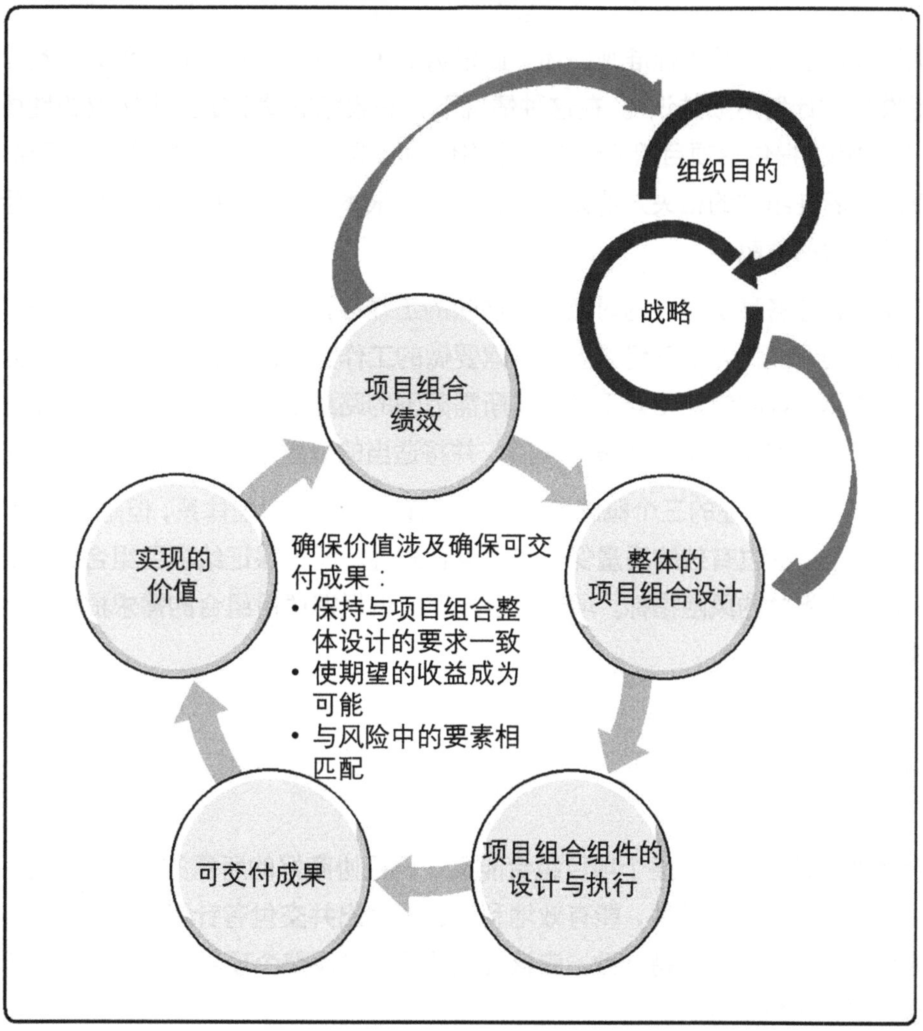

图 7-2　经由组件可交付成果，战略与项目组合绩效间的联系

项目组合经理继承了一套与确保价值的方法有关的原则与制约因素，使它们适应于项目组合的性质，然后还要与各个组件沟通。尽管确保价值的结果是在项目组合层面连续性的基础上呈现的，但它也会在每个组件内发挥作用。要适当地考虑所有层面的风险，从组件到整个项目组合。还以第 7.3 节中的提升忠诚度项目集为例，每个组件都会对一个或多个可交付成果做出贡献，每个可交付成果也都会对期望价值的达成做出贡献。这些贡献从特定的可交付成果出发，经由这些可交付成果所赋能的产物再到收益。在这个案例中，就是由会员数量的改变到实现的价值，收益就是会员的数量。对每个进展中的组件而言，关键是要确保在连续性的基础上，该组件将能够提供预想的可交付成果。有以下四种途径来实现这一点，在此项目组合经理需要通过组件来采取行动。虽然与它们相关的详细内容可以在 PMI 的其他标准中找到，在此还是简要地提及它们来说明项目组合经理的权益：

- ◆ **需求追踪。**项目组合经理应该要求每个组件都把其需求与它的工作包关联起来，并且要求报告结果来提供早期的和持续的确认，就是该组件将以符合组织风险偏好的、适度的风险应对活动，来完成其指定的工作范围。
- ◆ **验收标准。**每个需求都需要一个或多个验收标准。验收标准不同于完成标准。完成标准定义了何时完成任务，验收标准则描述了此任务的工作何时可以停止。例如，有个任务，它的完成标准是“计划达成共识”。在这种情况下，验收标准就要定义出协议的性质。验收标准所报告的协议，提供给项目组合经理一个组件风险的迹象。当验收标准没法轻易地达成共识时，这就暗示着在组件的相关方群体中存在着一些根本分歧，该风险会逐步损害组件对项目组合期望的回报的贡献。
- ◆ **关口评审。**在各种定义好的时点，组件内的工作应该被评审并提供对需求满意（或不满意）的证据，连同确认为了满足需求仍然需要做的工作。所报告的关口评审结果给了项目组合经理一个指示，说明组件正处于满足其所需范围的路线上。此处的关键是，要在组件的生命周期中正确的位置设置正确数量的关口，并将适当的变更理解成本包含进风险方程式中。
- ◆ **质量保证。**前面描述的三个概念有助于巩固健康的质量管理体系，但是它们也需要得到支持；反过来，也要通过有效的质量保证来确保合规性。质量保证给项目组合经理提供了一个关键的、与价值相关的风险指标。项目组合经理应该根据项目组合的需求提供有效的输入来使其具体化。

7.8 实现价值

项目组合经理应该负责确保整个项目组合能实现已经协商好的所需的价值。因此，他们需要确保从项目组合组件处收到输出的组件，能有效地利用这些输出并交付有针对性的收益，从而使项目组合期望的价值能持续地与其需求保持一致。应该注意的是，确保整个项目组合实现其所需的价值的责任是由项目组合的发起人负责的。

例如，某个组织可能打算通过巩固其不动产来提升它的赢利性。它可以选择的开始路径是确保职工个人不再依赖某个特定办公桌上的某台特定的台式计算机的使用权，可以使用笔记本电脑或访问一个虚拟桌面。为了这样做，就可能要在相关的项目组合中分派一个任务组件来开发虚拟桌面的解决方案。在这个案例中，实现价值背后的目的，可能就是该组织以使用笔记本电脑和虚拟桌面为部分目标，允许预期数量的个人台式计算机退休，却不对组织的运营造成不利影响。

价值的成功实现，本质上与组件中的变更管理息息相关。要确保围绕着某个组件的所需变更都得以被有效地识别、规划和执行。“变更管理”这一术语被用在这个场景中，是指以人为中心的变更，旨在驱动与植入变更以应对项目组合的输出。这与伴随着项目组合经理、项目集经理及项目经理们指导规划和执行交付而实施的变更管理不同。“实现”会在项目组合的服务组件中产生：项目集和项目组件都是与实施相关的。组件的期望价值可以随着项目组合组件的规划、开发和实施而发生变化。实际范围、进度、成本或绩效中的变更，都可能影响期望价值。外部要素，如市场条件、竞争者行动、法律与规章制度、已发生的风险及其他要素，都可能影响在产品、服务，甚至所创建的或已获提高的资产等方面的期望价值。

风险管理和风险影响也会对项目组合的最终价值做出贡献。随着项目组合执行的开展，项目组合经理会更新对项目组合价值的预测，并且保持这个预测随着时间的推移始终能考虑到进展和环境的变化，使用在最初估算时所使用的相同技术。

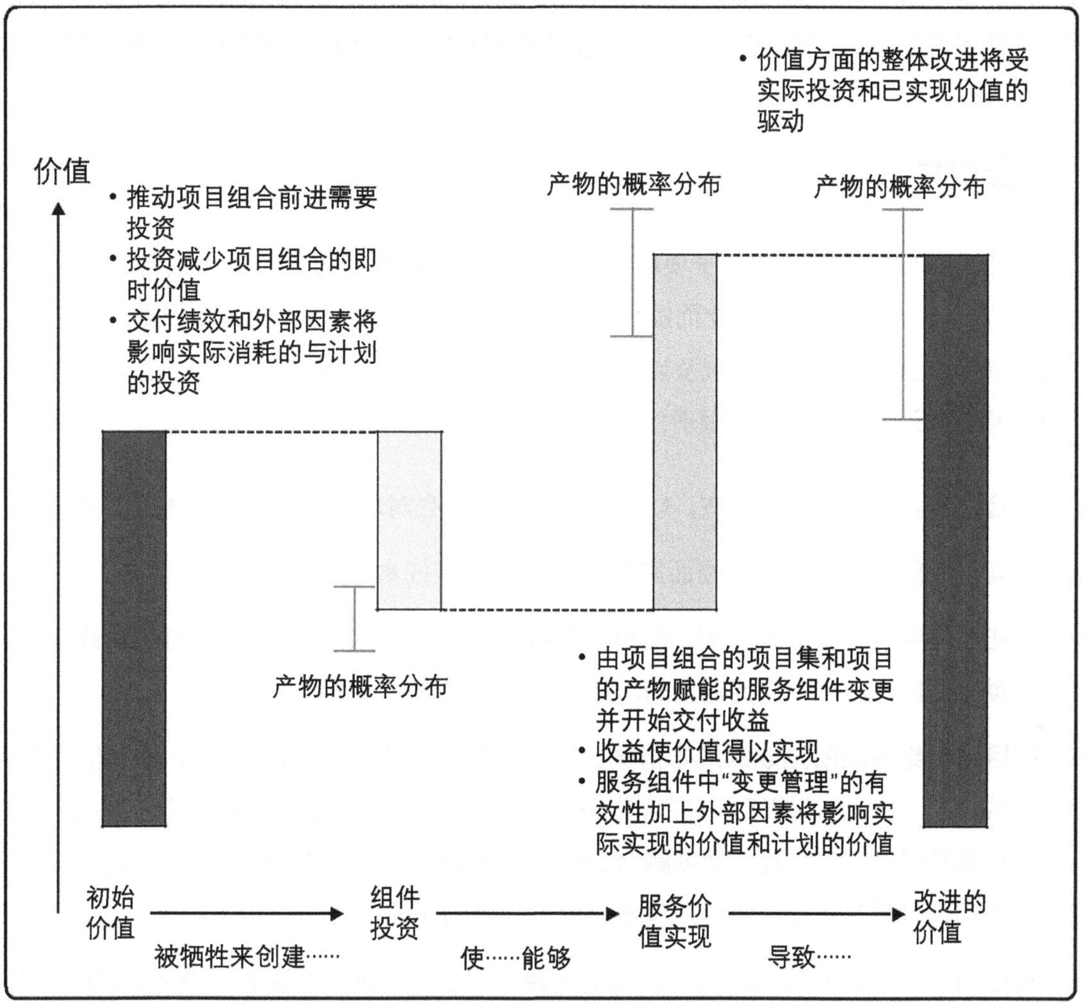

图 7-3　价值实现链

项目组合价值或绩效，是把项目组合组件价值累加在一起，加上协同效应和来源于拥有与项目组合组件保持一致的资源最优组合所产生的效应。图 7-3 展示了投资是如何分解项目组合的价值的。投资的数量可能是固定的，但是对变更的控制和应对风险的预算都可能为实际投资中的某些偏差留有余地。价值实现提升了项目组合的整体价值。虽然有一个要实现的目标，但产生偏差是有可能的。因此，价值实现链的整体影响应该是提升项目组合的价值，虽然可能只是某个数量的变化而不是预期目标达成与否。

7.9 测量价值

价值测量的框架定义了将如何为项目组合测量价值（参见第 7.4 节）。在认识到报告价值本质上是组织的一个政治行为的前提下，测量绩效的关键就是：遵从已经达成共识的价值测量框架、有效的相关方共同认可和执行的透明度。在项目集的组件内，价值通常会以该项目集获得的收益来定义，这使得收益实现分析成为一个重要的技术。作为可执行的组件，比如项目集和项目，一开始交付，就可能需要即时地测量这些可交付成果的收益。项目组合经理应该要求在那些受到可交付成果影响的组件中拥有适宜的测量方法，并且要有它们的报告，在持续的基础上，比对实现收益的计划与实际进展情况。

7.10 报告价值

项目组合的价值报告要提供关于项目组合绩效和预测方面的信息。这些报告还要包括偏差的识别、偏差的分析及为纠正行动或优化而提出的建议。每个项目组合组件都要积极地追踪它所交付的价值，并且要预测价值风险的允差情况及当前已评估的风险水平。报告要提出很多主题，每个都会比其前面的更加富有政治性，包括但不限于：

- **风险报告。**包括风险的状态，以及如果风险发生会对项目组合价值产生的影响。
- **为实现所需的项目组合产物而需要的成本。**这些成本应该是客观的事实。
- **这些成本中所有变动的原因。**在组合里可能存在一些客观事实，但是在很多组织中，很难就变动的原因形成一个广泛适用的、达成共识的看法。
- **项目组合组件间所达成的成本协同。**协同可能是积极的（降低成本），也可能是消极的（增加成本）。在任何情况下，对它们的识别与报告都不太可能是完全客观的。投资/撤资的决策过程是领导者直觉与经验数据融合的结果，在跨各个项目组合组件所使用的资源方面的沉没成本可能导致整个项目组合或跨多个项目组合的净成本节约。
- **项目组合所实现的价值。**这不太可能是完全客观的。这部分要解释隔绝开其他要素的影响，环境的复杂性会怎样逐步侵蚀该项目组合。相关方对价值测量框架制定的共同参与及一贯性和透明化的执行，都有助于达成共识。
- **任何价值变动的原因。**这些也不太可能是客观的。服务绩效会受到经设计的提升价值的项目集的绩效和环境变化（包括组织战略）的双重压迫，二者中没有一个是可控的。

第 8 章

项目组合风险管理

项目组合风险管理的首要目标是确保项目组合的组件根据组织的战略和商业模式，实现最大可能的成功。从风险的角度来看，这是通过平衡积极的（机会）和消极的（威胁）风险来完成的。项目组合层面以下的风险管理通常被认为利用机会和避免威胁。然而，在处理项目组合层面的复杂性时，避免威胁和利用机会的简单方法可能不会导致项目组合风险的完全平衡。项目组合风险管理将项目组合组件、组织策略、商业模式和环境因素对正优化项目组合价值的目标，从而形成跨组件协同项目组合执行的结果。风险和变更应该在一个非线性相互作用的环境中被接受和管理。在这种非线性环境中，项目组合层面的特定的风险是由项目组合管理团队来处理的，以为组织优化价值为目标。风险和变更因此得以在一个非线性交互的环境中被接受与管理，以为组织最大化价值为目的。

本章主要包括如下内容：

8.1 概览

8.2 指导原则

8.3 项目组合风险管理

8.4 关键的规划要素

8.5 项目组合风险管理框架和项目组合风险管理计划

8.1 概览

风险管理涉及识别和平衡风险因素（环境、人、立法、合规等），有效率和有效果地促成项目组合的价值交付。在项目组合级别及其以上，价值是通过项目组合能够多好地支持组织战略目的和目标来衡量的。这些目的和目标在一定程度上是通过让风险管理的职责与责任同组织商业模式相一致来实现的。各种风险因素之间的关联性会导致紧急风险，需要整体的项目组合风险管理方法。因此，一个简单的风险管理分解方法，如在项目集和项目层面看到的，在处理项目组合级别风险因素时是不合适的。

项目组合风险管理是一个由模型和具有交叉职能过程组成的领域。项目组合风险管理框架使项目组合经理能够在组织能力约束之内分配当前的资本和资源，并与组织风险治理相协调，以获得未来的收益。考虑的因素包括但不限于总体风险偏好、频率、严重程度、特定风险阈值、项目组合关键相关方的构成和多样化。例如，当需要考虑特定项目组合模型或统计技术［如预期货币价值（Expected Monetary Value, EMV）］并做出选择时，EMV 可用于计算度量值以帮助决策者做出某个决策。目标平衡风险回报或价值选择，优化交付价值，同时保持可接受的风险敞口水平。也可以使用其他模型，但过程是相似的。决策者根据组织的项目组合风险管理框架中所用的模型选择一系列行动，并且与组织的风险治理过程相一致。

项目组合风险管理的首要目标是满足项目组合的价值主张，并且与商定的置信水平和/或项目组合层面的风险阈值相一致。这通常是通过平衡积极的（机会的）和消极的（威胁的）风险来完成的。关键是，在项目组合层面风险因素得以被平衡，不一定需要对各种参数最大化或最小化。

8.2 指导原则

风险原则是基于透明性、完整性和组织客观性的。指导项目组合风险管理的原则包括：（a）管理要考虑的事项；（b）需要除机械地计算风险敞口之外的步骤。在项目组合层面，风险管理包括项目组合的内部因素和外部因素。复杂性驱动了风险管理在关注孤立的应对策略之外，还要平衡风险，以实现威胁和机会之间的平衡。项目组合风险管理的目标是满足项目组合的价值主张，同时通过威胁和机会的平衡过程与商定的置信水平和/或项目组合层面的风险阈值相一致。因此，风险平衡有助于在价值主张的约束下，最大化项目组合将支持战略目标的概率。

第 1.7 节列出了项目组合管理的八项基本原则。这八项原则都适用于风险管理。然而，以下原则是项目组合层面风险管理流程的核心：

- 平衡风险的同时最大化项目组合的价值；
- 培养拥抱变化和风险的文化；
- 驾驭复杂性，以获取成功的结果。

这三个原则组合的结果，从整体视角来看，允许通过有组织的风险评估过程平衡项目组合的组件。这个过程应该通过项目组合管理来积极地实施，以防止或减少损失，并且鼓励去开拓机会。

8.2.1 管理项目组合风险

项目组合风险的管理过程有助于管理者识别和分析项目组合风险。项目组合层面的风险管理目的是，最大化项目组合在组织战略愿景下满足其战略目的和目标的可能性。平衡威胁和机会的目标是，在短期、中期和长期的时间框架下最大化向组织交付最佳价值的潜力。

项目组合风险管理不同于项目风险管理。在项目层面，风险管理的目的是最小化威胁和最大化机会。此外，一个项目集或项目关心的是出现在特定的项目集或项目内的风险和问题。项目组合关心的是：(a) 最大化项目组合的价值；(b) 通过与商业模式相匹配，调整项目组合对组织愿景、战略和目标的契合度；(c) 在既定的组织产能和能力下平衡项目组合中的项目集和项目。

随着组件的价值和规模的增加，取决于风险严重性和频率等参数，风险的影响会以相应比例增加。例如，在一个项目组合中，如果承担额外的消极风险就有潜在的价值，那么该威胁有可能不被最小化。恰在这个环境下，组织可能选择积极地拥抱适度的威胁，以期待高回报。例如，以“成为市场第一”的愿望投资新的、未经证实的技术，期待获得高利润，有可能技术不起作用，而且市场不接受新产品；或者，产品是成功的和高利润的。项目组合经理应该平衡技术失败的可能性（在项目组合中遭遇项目集或项目失败）与未来获得利润的潜在性（项目组合内的其他项目集或项目成功）。技术开发项目集可能乐于接受成本、进度和范围的威胁，以期待通过交付新技术带来收益，这些新技术可以支持项目组合中的其他项目集或项目，甚至支持其他项目组合。价值实现会超越项目集或项目延展到组织。最后，还要考虑概率非常低但影响大的威胁的作用。项目组合经理应该意识到概率非常低但影响大的威胁可能带来的灾难性后果，如最近抵押贷款领域的崩盘。

风险条件包括可能对项目组合风险做出贡献的组织环境的各个方面，如管理不善（消极风险）、整合的管理系统（积极风险）、精益的过程（积极风险）、过多的并行项目（消极风险）或对高度专业化的外部参与者的依赖（积极或消极风险）。这些条件本身并没有风险，也不构成风险；然而，这些条件就是风险极有可能转化为问题的环境。例如，一个高度依赖外部专业人士的组织有很大的可能性失去这些人（消极风险）。因为这些人是专业的，他们的投入非常关键，而且对管理项目组合至关重要（积极风险）。项目组合经理要权衡与拥有外部参与者相关的风险的积极的和消极的方面。这不是一个简单的最小化或最大化的问题。

项目组合风险管理还包括在整个风险池中提供储备（管理或应急），以应对项目组合总体风险的一部分和组件项目集及项目中的风险。项目组合经理处于持有全部的应急储备来应对威胁和/或机会的位置，在这里预期货币价值对应急或储备而言是个不太靠得住的准则，因为在单个项目组合组件内风险会少于统计上值得注意的风险数量。预期货币价值在应对具有非常高的影响和非常低的概率的风险时，是不可靠的。项目组合经理可能还要通过使用一些共同特征（如威胁的影响或后果，或者当描述积极的风险时，相应的机会的影响或后果）来汇总风险应对措施。换句话说，项目组合对风险管理的贡献主要是开拓经济规模的机会。要为组件项目集和项目做好应急准备，以防陷入每个组件无法经济地保护投资不受威胁的处境。

换言之，项目组合管理在风险管理中的作用主要是开拓规模经济所带来的机遇，并对积极风险和消极风险在组件间进行权衡。一个关键的贡献，但并不是唯一的，就是为构成项目组合的组件（项目集、项目和运营）准备好共享的应急准备，来处理一个共同的威胁/机会的影响。该影响在战略层面能被接受，却大于任何一个组件所能忍受/开拓的范围。这一应急准备被称为管理储备。就机会而言，在战略层面所要处理的机会的潜在影响，就是在商业论证文件中所定义的计划价值的动议。该动议被正式批准后方可纳入项目组合中。还有一种可能是储备被用于应对积极的风险，以提高价值。在一个项目组合中组件项目集或项目可能被变更或者启动来开发积极风险时，尤为如此。因此，储备通常被视为应对威胁而做的努力。然而，在项目组合中，储备的使用可以同时支持应对机会与威胁。

8.2.2 平衡风险

关键的项目组合相关方在平衡机会和威胁方面的风险偏好，是管理项目组合风险时需要考虑的一个因素。由于项目组合的复杂性本质和与风险相关的不确定性的内在特征，平衡风险是很有挑战性的。此外，项目组合经理应采取积极主动的方式来应对风险，以确保威胁的潜在消极影响相对于通过追求机会期望获得的收益，仍然是可接受的。在威胁方面，组织将通过风险缓解措施防止损失；而在机会方面，将采取行动强化成果，最大化一个或更多收益，如投资回报率或利润率。此外，由于项目组合是复杂的，通常没有单一的最佳解决方案。

威胁和机会之间的权衡、短期和长期的影响，以及有关环境的考虑事项（包括市场和可用的技术）都对项目组合组件的选择或终止产生根本性的影响。这些因素之间的相互关系推动了项目组合风险管理的复杂性。平衡项目组合组件间的依赖关系和优先级常常是相互冲突的，并且强调对风险的主观感知。此外，缺乏确定性环境使得决策过程更加困难，因为不确定性限制了有效地响应策略。

在大多数情况下，项目组合经理面临几个次优的解决方案，其中所有的解决方案都有不同的长处和弱点，但没有指向最优管理方法的清晰路径。简单地假设一个项目组合的风险敞口是其组成部分的总和，会忽略项目组合的组件间的相互关系和在项目组合管理层面普遍存在的外部影响。

由于在项目组合层面风险管理的复杂性，沟通和相关方参与是项目组合管理团队首要关注的问题。一个健康的沟通，应该是高级管理在链条上端，项目集和项目管理在链条下端，项目组合管理和运营人员（如果包含在项目组合中）认可共同的愿景，愿意朝着共同的目标前进。这提供了一个框架，把项目组合风险管理与下级的项目组合组件的风险管理联系了起来。

8.3 项目组合风险管理

在所有层级上管理风险都是一个积极的过程，包括持续地规划、分析、响应监督与控制。响应策略的执行应该是预期的，消极并且通过在风险发生前启动响应动作的触发事件来实施，从而增加机会（积极风险）或减少威胁（消极风险）。即使在一个持续的风险识别的积极过程中，项目集、项目、运营领域层面的风险管理传统上也是从规定性的、基于流程的视角入手的。然而，在复杂的系统，如项目组合中，风险可能无法按照传统或简单的观念进行管理。复杂性需要一个规定较少的方法。在许多情况下，在项目组合层面执行风险应对策略，涉及在项目组合的组件项目集内或作为持续运营的一部分建立项目，来处理特定的机会或威胁（积极或消极风险）。这些风险要么已经发生，要么触发事件的发生表明风险发生的概率已显著增加。项目组合风险管理和项目集或项目层面的风险管理有一个重要的区别。在许多情况下，项目组合经理应该将风险应对措施授权给项目组合内下级的项目集或项目。项目组合风险管理的期望成果是利用结构化的风险规划、响应投入，来减少管理不作为和决策延迟。风险识别分析和响应规划认可数据的限制和缺乏清晰的、明确的、可操作的、与项目组合层级中许多管理因素相关的信息。研究各种可能的风险场景，制订响应计划有助于限制上述数据和信息缺乏的影响。通过项目组合风险管理，为高级领导者和项目组合管理人员提供了行动方案或管理选项，帮助他们冒着信息不完全的风险做出决策。

8.4 关键的规划要素

在项目组合层面，所有风险要素都应该被考虑。在项目组合层面没有解决的风险可以通过战略层面的治理过程来解决。归根结底，如果风险成为问题，这个问题可以通过组织的项目组合、项目集和项目结构来处理，而不是在战略治理层面处理。

8.4.1 项目组合风险管理框架

项目组合风险管理有四个关键要素：风险管理规划、风险识别、风险评估和风险应对，这些要素如图 8-1 所示。双向箭头代表各种规划信息之间的反馈回路。在以数据为中心的信息结构中，报告和计划都以一定的格式呈现。在风险管理方面，这些视图或格式表现为如下形式：项目组合风险管理计划、风险应对计划、项目组合置信水平或可信水平、风险登记册、组件风险管理和应对计划，以及其他在项目组合层面关注的与风险相关的数据。风险应对规划、监督和控制需要一种结构来为项目组合经理提供灵活的风险管理和应对能力。以数据为中心的报告和文档化方法改进了自我更新的结构。

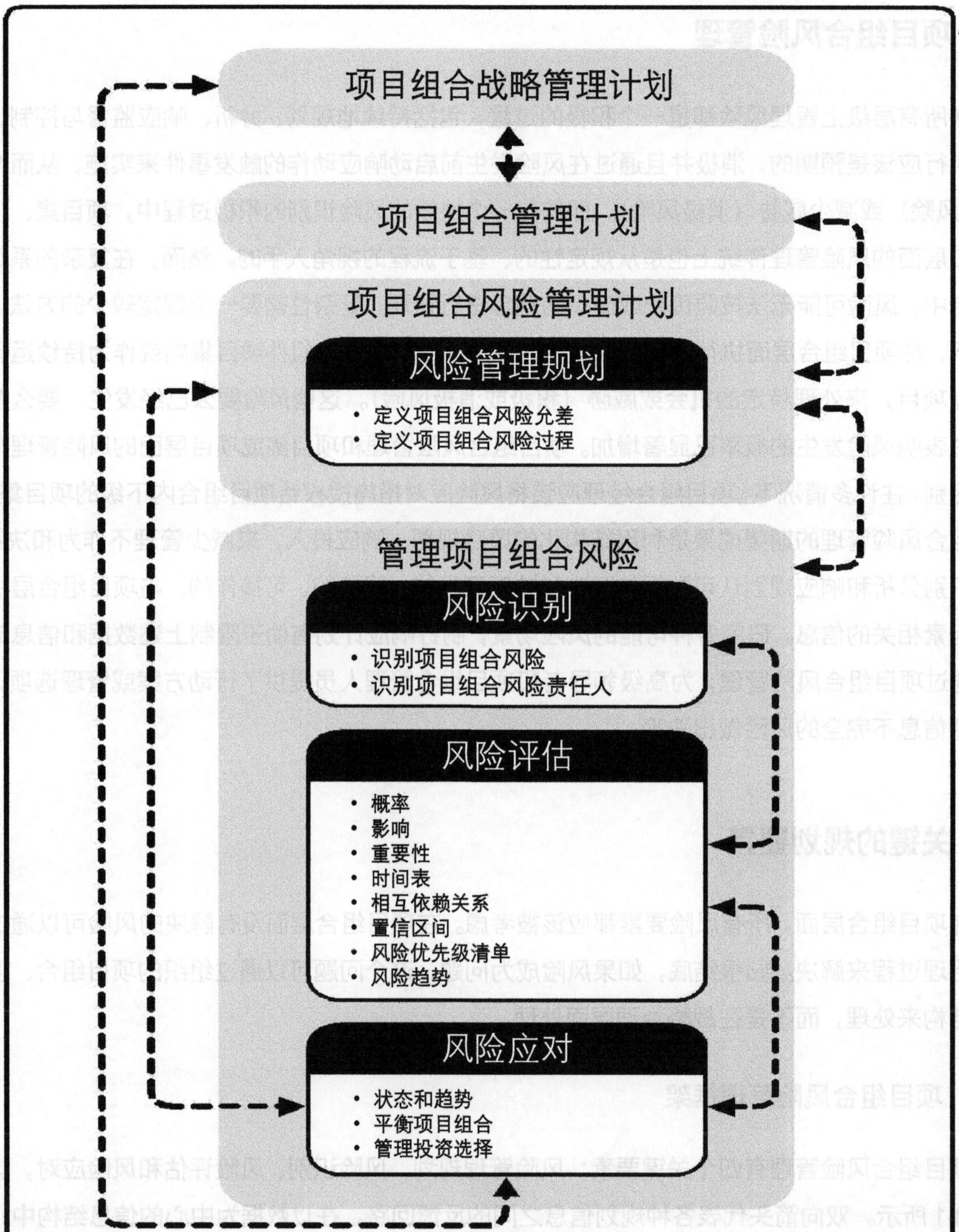

图 8-1　项目组合风险管理要素

图 8-1 是项目组合风险管理各种要素的概念图。风险识别、风险评估和风险应对要素被描绘在管理项目组合风险中，以显示风险识别和风险评估要素如何给特定的风险应对措施提供资料。为了保持项目组合、项目集和项目风险要素之间的一致性，“管理项目组合风险”被当作一个项目组合风险要素。在项目组合层面，风险通常不是“受控”的，而是在全面的风险战略中被管理的。在项目组合层面显示的风险环境本质上是动态的、复杂的和非线性的，如图 8-1 中的多个双向箭头所示。

项目组合风险规划过程中识别的风险可能来自外部或内部（事业环境风险），并且可以由组织中的任何人识别出来，包括高级管理者、运营管理者、项目组合经理、项目集或项目管理团队及相关方。每个执行者（项目组合、项目集、项目和运营）都对项目组合的风险有不同的看法，而高管的影响力可能不同。例如，对于高级管理人员来说，关注的风险通常涉及项目组合价值、上市时间、融资和投资大小。这些可能包括客户的品牌和组织声誉、组织的运营模式、对组织战略和目标的影响，以及将受项目组合影响的现有的产品和服务。高级管理人员通常关注维护股东的投资、公司资产、检测和防止欺诈、识别和管理负债。

在项目组合层面，结构化的和执行中的风险都主要受个人驱动。这并不是说外部因素，如环境问题、组织政策、语境变化、交叉组件的技术依赖或接口，以及跨多个组件的技术风险的聚集或升级等，不会影响项目组合层面的风险。但在直接驱动风险方面，这些因素在项目组合层面比在项目集或项目层面产生的作用要小。

从变更的视角把结构化的和执行中要考虑的事项联系起来，被称为动态产能，或者组织适应的潜能。组织适应性或管理的敏捷性不是由过程或技术思考驱动的，而是由组织内任职的管理者及其下属驱动的。与动态产能相关的风险是以人为本的。一个组织对风险的态度和风险偏好，是基于那些在管理结构中工作的个人的风险态度的。

任何单一风险的积极或消极影响，如果发生，可能不仅影响由项目集和项目构成的项目组合，还会影响现有的服务、产品、预测结果和由项目集和项目生成的收益，因为一个风险会影响其他多个风险。伴随着影响通过组织传播，它们会导致变更，影响组织的相关方、组织声誉及组织在市场中的地位。然而，考虑到发生的威胁应通过其他领域的机会予以解决，一个单独的组件或项目组合的组成部分发生了什么是次要的，重要的是作为项目组合中风险分散的结果，所带来的整体价值。如果得到的效果与组织的愿景、战略和商业模式一致，那么这个项目组合可以被认为是有生产力的，无论某些单个项目组合组件的最终状态如何。

8.4.2 风险感知

对组织而言重要的是，要建立对风险的共同理解，并且为已知的威胁或机会发生的可能性和产生的影响做好准备。风险偏好说明书应基于对所有相关方的观点和关注点的审查，并且应强调当前组织的战略和实践的含义。这使得组织能够开发风险偏好说明书并设定内部风险偏好的界限。风险偏好是由风险阈值定义的，而风险阈值则成为主观风险偏好说明书的一个可测量指标。在行动之前，组织还应该在每个风险区域中定义风险允差，它们定义了围绕着战略目标，可接受的风险偏差水平。对于一个组织来说，确立明确的和商定的风险偏好说明书是重要的，它可以指导基于风险的决策，并为整个风险管理活动设定范围。风险数据，包括报告和正式文档，都要由项目组合经理予以维护和更新，以保持与组织战略和其他方向的一致性。项目组合层面的大多数风险管理都涉及组织的风险文化，由高级管理者和下属经理的风险偏好所定义。传统的风险应对的规划、监督和应对通常都在项目组合组件内，通过执行项目组合内的一些项目集、项目或持续运营工作来加以实施。

然而，对风险的感知和管理的决策是以个人的风险态度和偏好，以及组织的集体风险偏好为基础的。项目组合管理的风险可以由组织中的任何人来识别，包括高级管理层、运营管理者、项目组合经理、项目集管理者和项目团队。每个组织层级都对项目组合的风险有不同的观点。组织层级包括高级管理层、经营管理层、项目组合经理、项目集组件、项目和小团队层级。在所有层级中，积极的（机会）和消极的（威胁）风险都是因素。感知，本质上是难以量化的，是基于许多因素来处理个体对风险的心理态度。由于强调风险感知的人类心理特性，在项目组合层面的风险应对具有一定的复杂度和不确定性，其对风险感知的程度通常会大于项目集或项目层面，后者会关注各自的收益、产品及服务的交付。

随着不确定性的增长，风险感知变得越来越重要。不确定性来源于不完美或不完整的信息。因为多个不受控制的变量对项目组合的影响，项目组合层级的不确定性是最大的。往更小范围说，项目和项目集可以屏蔽一些不受控制的变量的影响。作为结果，高级经理和项目组合管理团队就要在一个比项目集经理和项目经理更不确定的环境中工作。面对日益增长的不确定性，高级经理和项目组合经理依赖他们的风险感知来弥补不完美或不完整的信息带来的影响。因此，风险偏好和风险态度成为风险管理的关键。

在项目组合层面的价值交付也受风险感知的驱动。通过项目组合的项目集、项目或运营满足的可测量的目标，并不能完全为项目组合定义出价值交付方程。简单来讲，项目组合组件间的收益总和，或者通过项目或持续运营交付的特定能力，并不能完整地定义项目组合所交付的价值。对价值的感知总是会投射在风险回报的情境中的。最重要的感知就是，对于更大的风险，项目组合所获得的回报和价值应该更大。

由于个人的风险感知对如何将收益纳入价值方程至关重要，分析个体相关方的风险偏好是管理项目组合层面风险的关键。如前所述，在项目组合层面的风险管理是对机会和威胁（积极的和消极的风险）的平衡，最大化项目组合满足在组织的愿景里的战略目的和目标的概率。项目组合的价值是通过比对为获取预期结果而接受的风险来衡量达到或超过这些战略目的和目标的程度而确定的。

多个个人构成组织，而且通过个体风险感知和风险偏好的组合，形成组织的风险态度或风险文化。这并不意味着组织风险态度的形成仅仅只是简单的组织的员工和管理者的所有态度的总和。形成组织态度的过程是复杂的，有时在达到所需的目的和目标方面，最好以置信度的形式进行沟通。组织对待风险给组织的项目组合带来的积极或消极影响的态度被称为组织的风险偏好。一个风险容忍型组织愿意承担更多的风险，例如，会更快地进入新市场，更快地扩大产品生产，或者在新产品开发中投资更多。风险规避型组织不太可能快速行动。组织的风险偏好影响着个体的风险态度。风险厌恶的人往往倾向于不承担更多的风险，而那些不太保守的人则可能愿意承担一定的风险。组织的风险偏好也影响组织的适应性或敏捷性。改变蕴含着风险，那些厌恶风险的组织将不太可能适应并迅速做出改变。这会影响项目组合风险管理的方法，特别是项目组合风险管理框架。

8.5　项目组合风险管理框架和项目组合风险管理计划

规划是项目组合管理成功的关键，就像它对于项目集和项目管理成功的作用那样。项目组合风险管理计划应融入整个项目组合风险管理框架中。项目组合风险管理计划描述风险将如何在项目组合内被管理。项目组合风险管理计划不包含风险分析，但它提供了与风险相关的数据管理的结构，这些数据构成了风险分析。而项目组合风险管理计划描述了高级经理和项目组合经理如何使用数据。以数据为中心的规划方法允许连续检查、更新和响应（当需要时）风险触发事件。

8.5.1　项目组合风险管理框架

项目组合风险管理框架或架构支持风险管理的总体原则，并且为项目组合内的风险管理提供愿景。项目组合风险管理框架是连接项目组合内的组织风险管理过程的概要性描述。此外，项目组合风险管理框架将项目集、项目和运营风险管理链接到项目组合风险管理结构中，从而提供了超越项目组合的风险关注点和包含在项目组合中的组件的风险关注点之间的联系。一组常见的风险的定义及风险类别或风险分解结构的建立，应由项目组合管理团队提供，作为开发项目组合风险管理框架的一部分。从数据中心的角度来看，项目组合风险管理框架定义了项目组合风险过程运作的总体风险环境。

项目组合、项目集、项目和运营风险管理领域之间存在差异性。在项目集或项目层面及运营时，重点是通过规避、转移或减轻策略来管理消极风险（威胁），以及通过开拓、分享或提高策略来管理积极风险（机会）。在项目组合层面，重点应该是平衡积极风险和消极风险，以支持组织的愿景、战略目的及目标，从而给组织带来价值。在项目组合层面，风险接受可能是一种更常见的策略，因为许多风险超出了组织的规划或控制能力。

组织可以开拓、分享或提高积极的风险。例如，在处理产品需求增长时，风险应对行动通常是采取部分已规划好的项目组合策略或努力营销。

复杂的项目可能需要平衡风险和风险策略，而不仅仅是采取简单的风险应对策略。关键在于组织应该关注什么。总的来说，项目组合经理关注的是超出通常在项目集和项目层面所做的风险平衡。这是因为项目组合管理的范围更大，高层级管理的复杂性增加，控制度减少，跨管理结构的视野更宽。

基于风险的决策有助于将各种各样的风险梳理为不同的风险类别。风险类别提供了一种结构和一个综合的过程，以便系统化地识别风险，并达到一贯的详细程度，为风险识别的有效性和质量做出贡献。组织可以使用先前准备好的分类框架，该框架可以采取简单的类别列表的形式。图 8-2 中列示了一些风险类别。风险分类的另一种方法可以采用风险分解结构。类别可以由工作的阶段、风险的来源，或者任何对管理有意义的其他结构来形成。此外，风险分解结构可能产生颗粒度更细的风险类别列表。所选择的方法除了取决于所采取的管理方法的整体颗粒度，还取决于组织和其高级管理团队的风险偏好。

风险类别示例
项目组合风险
组织风险
绩效风险
资源风险
财务/预算风险
市场风险
监管风险
数据/信息质量
相关方风险
采购风险
供应链风险
形象与公关风险
环境风险
自然因素风险

图 8-2　风险类别示例

8.5.2 项目组合风险管理计划

项目组合风险管理计划是项目组合管理计划的一个组件，它描述了风险管理活动将如何在项目组合内被组织及实施。风险管理计划还为风险管理方针、政策和程序提供参考，定义组织风险策略与偏好，包括风险阈值和置信度。项目组合风险管理计划提供了一个方法，被治理机构用来评估项目组合组件的风险。项目组合风险管理计划不是项目组合组件风险管理计划的集合或这些计划的总结，尽管在项目组合组件中的风险管理方法和项目组合整体管理计划之间应该有共同的元素。例如，当组织的文化是风险容忍型的时候，项目组合风险管理方法应该更能容忍风险，拥抱风险应该是贯穿项目组合各个组件的主旋律。

项目组合中的项目集、项目和运营可能有不同的风险管理方法，而且项目集、项目和运营经理在风险偏好和对风险的态度方面存在差异。这些差异既不应该妨碍整个项目组合内风险管理的共同原则，也不应该对单个组件的规划形成制约。项目组合风险管理计划包括对定义组织风险策略的风险管理指南、政策和程序的参考，以及对组织的风险偏好和风险阈值的介绍。在风险管理的各种方法中，如前面提到的管理指导（见第 8.2.1 节）所解释的，关于如何看待风险管理及如何监督和控制风险应该有共同性。例如，在核电行业内，每个组织都根据当地法规和组织流程采取不同的风险管理实践，但是，行业内风险管理的主流是对核材料相关威胁的零容忍。

项目组合风险管理计划扩展了在项目组合风险管理框架内明确阐述的愿景。项目组合风险管理计划概述了风险在项目组合层面被管理的过程。然而，项目组合风险管理计划不应该向下规定到项目层面，或者考虑到项目组合内的风险，定义将要怎样管理运营。在项目组合组件中工作的管理者应该将风险计划与项目组合风险管理框架相匹配，单个组件风险管理计划应该支持项目组合风险管理计划。虽然项目组合组件内的管理关注点往往不同于项目组合层级的关注点（时间、影响、影响范围或复杂性），但每个组件的风险管理计划不能只是整个项目组合的风险管理计划的子集。

参考文献

[1] Project Management Institute. 2017. *A Guide to the Project Management Body of Knowledge* – Sixth Edition. Newtown Square, PA: Author.

[2] Project Management Institute. 2018. The *Standard for Program Management* – Fourth Edition. Newtown Square, PA: Author.

[3] Project Management Institute. 2006. *PMI Code of Ethics and Professional Conduct. Available at http://www.pmi.org/codeofethicsPDF.*

[4] Project Management Institute. 2016. *Governance of Portfolios, Programs, and Projects: A Practice Guide.* Newtown Square, PA: Author.

[5] Project Management Institute. 2014. *Navigating Complexity: A Practice Guide.* Newtown Square, PA: Author.

这部分内容不是美国国家标准（American National Standard, ANS），也不必按照美国国家标准协会对 ANS 的要求执行。因此这部分内容会包括不用接受公众审查或协商程序的材料。此外，它也不包括为了符合 ANS 标准必要的需求。

附录 X1 第 4 版的变化

本附录对《项目组合管理标准》（第 4 版）所做的变化进行了详细解释，以帮助读者了解各版本的不同之处和本标准的原理，并提供历史延续性。

项目委员会被授权更新《项目组合管理标准》（第 3 版），但面临的挑战是开发一个基于原则的文档。这对于之前发布的基于过程的标准来说，是一个范式的转变。下列来源和标准被用来确定标准所需的变化：

- 《项目组合管理标准》（第 3 版）出版后收到的建议；
- 有关项目组合管理市场调查研究的结果，经验证提议的对《项目组合管理标准》（第 3 版）的变更；
- 让关键章节和概念与其他 PMI 基础标准协调一致；
- 来自主题专家的建议；
- 与《PMI 项目管理术语词典》（*PMI Lexicon of Project Management Terms*）一致；
- 来自公共标准项目工作会议的建议；
- 公开的意见征求收到的建议；
- 与 ISO 21504:2015（《项目、项目集和项目组合管理方面——项目组合管理指南》[1]一致。

开发 ISO 21504 的 ISO/TC258 工作组使用了《项目组合管理标准》（第 3 版）作为开发 ISO 21504 的参考。此外，ISO 21504 是标准核心委员会在更新《项目组合管理标准》时使用的参考之一。《项目组合管理标准》（第 4 版）补充了相关概念并与 ISO 21504 协调一致。《项目组合管理标准》阐述了 ISO 21504 的适用原则和关键概念。例如，与组织战略计划相一致，实施产能与能力管理，运用项目组合治理，

1 International Organization for Standardization. 2015. ISO 21504:2015 *Project, Programme and Portfolio Management—Guidance on Portfolio Management*. Geneva: Author.

需要积极的相关方参与，重视价值管理及整个项目组合生命周期。

X1.1 结构变化

结构上存在关键差异。《项目组合管理标准》（第 4 版）的结构相对于第 3 版，整合了项目组合管理扩充的知识领域和过程组（见表 X1-1）。

表 X1-1 结构变化

2013 年修订	2017 年修订
第 1 章 引论 第 2 章 项目组合管理概述和组织	第 1 章 引论
第 3 章 项目组合管理过程组 • 定义过程组 • 调整过程组 • 授权和控制过程组	第 2 章 项目组合生命周期
第 4 章 项目组合战略管理	第 3 章 项目组合战略管理
第 5 章 项目组合治理管理	第 4 章 项目组合治理
第 6 章 项目组合绩效管理	第 5 章 项目组合产能与能力管理 第 7 章 项目组合价值管理
第 7 章 项目组合沟通管理	第 6 章 项目组合相关方参与
第 8 章 项目组合风险管理	第 8 章 项目组合风险管理

X1.2 写作风格

PMI 标准委员会使用 PMI 提供的风格来创作和确定内容。PMI 标准使用主动语态，并尽量自始至终在内容上保持一致，还特别注意了同其他 PMI 标准的一致性。

X1.3 第 1 章——引论

在第 1 章中阐述了标准的基本变化。这一章被修订以概述标准的原则。表 X1-2 总结了不同版本之间的变化。

表 X1-2　第 1 章的变化

2013 年修订	2017 年修订
1.1 《项目组合管理标准》的目的 1.1.1 《项目组合管理标准》的目标读者	1.1 《项目组合管理标准》的目的 1.2 《项目组合管理标准》的受众
1.2 什么是项目组合管理 1.2.1 项目组合、项目集和项目的关系	1.3 项目组合是什么 1.4 项目组合、项目集、项目和运营之间的关系
1.3 什么是项目组合管理	1.5 项目组合管理是什么
1.4 项目组合管理、项目集管理、项目管理和组织级项目管理的关系	1.6 项目组合管理、项目集管理和项目管理之间的关系
	1.7 项目组合管理的原则
1.5 项目组合管理和组织战略 1.6 商业价值	1.8 项目组合管理和组织战略、战略业务执行和组织级项目管理之间的关系
	1.9 项目组合的组件及其相互关系
1.8 项目组合经理的角色	1.10 项目组合经理的角色
1.9 PMO 在项目组合管理中的角色	1.11 项目组合管理中的其他角色
1.10 项目组合管理知识体系	

X1.4 第 2 章——项目组合生命周期

第 4 版介绍了项目组合生命周期的概念——一个持续进行的、迭代的过程。它包含了在第 3 版中作为过程组组织在一起的活动，但聚焦于需要时所发生的必要的活动，而不是将其作为活动的预测序列。

X1.5 第 3 章——项目组合战略管理

第 4 版中的第 3 章更新了上一版的第 4 章，将项目组合组件内的工作与组织的战略方向和目标联系起来。表 X1-3 总结了版本之间的变化。

表 X1-3 第 3 章的变化

2013 年修订	2017 年修订
4.1 制订项目组合战略计划	3.1 概览
4.2 制定项目组合章程	3.2 指导原则
4.3 定义项目组合路线图	3.3 项目组合的战略目标
4.4 管理战略变更	3.4 制定项目组合的战略目标
	3.5 战略风险偏好
	3.6 项目组合章程
	3.7 项目组合路线图
	3.8 关键的项目组合组件
	3.9 项目组合的优化
	3.10 管理战略的一致化

X1.6 第 4 章——项目组合治理

第 4 版中的第 4 章更新了上一版的第 5 章。表 X1-4 总结了不同版本之间的变化。

表 X1-4 第 4 章的变化

2013 年修订	2017 年修订
5.1 制订项目组合管理计划	4.1 概览
5.2 定义项目组合	4.2 项目组合治理是什么
5.3 优化项目组合	4.3 指导原则
5.4 授权项目组合	4.4 治理的概念
5.5 提供项目组合监督	4.5 高效项目组合治理的设计要素
	4.6 项目组合治理的角色

X1.7　第 5 章——项目组合产能与能力管理

第 4 版中的第 5 章与上一版的第 6 章内容相当。表 X1-5 总结了不同版本之间的变化。

表 X1-5　第 5 章的变化

2013 年修订	2017 年修订
6.1 制订项目组合绩效管理计划	5.1 概览
6.2 管理供应与需求	5.2 指导原则
6.3 管理项目组合价值	5.3 产能管理
	5.4 产能规划
	5.5 供应与需求管理
	5.6 供应与需求优化
	5.7 组织能力
	5.8 能力评估
	5.9 能力发展
	5.10 绩效报告与分析方法
	5.11 平衡产能与能力

X1.8　第 6 章——项目组合相关方参与

第 4 版中的第 6 章与上一版的第 7 章内容相当。表 X1-6 总结了不同版本之间的变化。

表 X1-6　第 6 章的变化

2013 年修订	2017 年修订
7.1 制订项目组合沟通管理计划	6.1 概览
7.2 管理项目组合信息	6.2 指导原则
	6.3 项目组合相关方的定义和识别
	6.4 项目组合相关方的分析
	6.5 规划相关方参与
	6.6 识别沟通管理方法
	6.7 管理项目组合沟通

X1.9 第 7 章——项目组合价值管理

第 4 版中的第 7 章介绍了贯穿第 3 版的概念，但在第 3 版中并没有单独的位置或方式来表述它。因此，本章无法与第 3 版相关章节比较。

X1.10 第 8 章——项目组合风险管理

第 4 版中的第 8 章与上一版的第 8 章内容相当。表 X1-7 总结了不同版本之间的变化。

表 X1-7 第 8 章的变化

2013 年修订	2017 年修订
8.1 制订项目组合风险管理计划	8.1 概览
8.2 管理项目组合风险	8.2 指导原则
	8.3 项目组合风险管理
	8.4 关键的规划要素
	8.5 项目组合风险管理框架和项目组合风险管理计划

附录 X2 《项目组合管理标准》（第 4 版）的贡献者和审阅者

PMI 非常感谢以下所有人士的支持，并向他们对项目管理专业做出的杰出贡献致敬。

X2.1 《项目组合管理标准》（第 4 版）核心委员会

以下人士作为开发本标准的领导者，是正文及概念的主要贡献者：

David W. Ross, PgMP, PMP, Chair
Gary J. Sikma, PMI-ACP, PMP, Cochair
Steve Butler, MBA, PfMP
Nick Clemens, PMI-ACP, PMP
Panos Chatzipanos, PhD, Dr Eur Ing
Andrea G. Demaria
Robert Joslin, PhD, PfMP
Warren Long, PEng, PMP
Sanjay Mandhan, MBA, PMP
Debbie McKee
David Power, PfMP, SCPM
Te Wu, PhD, PfMP, PgMP

X2.2 分委会成员

除了核心委员会成员，以下人士为本标准的起草提供了输入。

John Benfield, PfMP, PMP
Guillermo E. Blanco, PMP
John Campbell
Kari Dakakni, PMI-RMP, PMP
Michael Farley
Theofanis Giotis, PhD, PMP
Rajesh Jadhav, PfMP, PgMP
Ashok Jain, PAHM, PMP
Nanette Patton, MSBA, PMP
Elmar Roberg
Kyle S. Wills, MS, PfMP

X2.3 审阅者

X2.3.1 主题专家评审

Emad Aziz, PgMP, PfMP
Farid F. Bouges, PhD, PMP, PfMP
Sandra Hoath Cobb, PfMP, PgMP
Kari Dakakni, PMI-RMP, PMP
Mike Farley
Laurence Goldsmith, MBA, PMP
Dave Gunner, MSc, PMP
Akram Hassan
Christiaan F. Kindermans, PMP, EMSProf
Anup Kumar, PMP, PgMP
Ginger Levin, PhD, PMP, PgMP
Nadeem Malik
Ralf Müller, DBA, PMP
Sukhdev “Dev” Nanda, MBA, PMP
Marvin R. Nelson, MBA, SCPM
Yvan Petit, PhD, MEng, PMP
Laureen Pfizenmaier, PMP
Crispin “Kik” Piney, BSc, PfMP
Paul E. Shaltry, MA, PMP
Joe Sopko, PMP, MSP
Angelo Valle, PhD, DIF, CRK
Thomas Walenta, PgMP, PMI Fellow
Gwen Whitman, EMBA, PfMP
Kyle S. Wills, MS, PfMP
Rick Woods, PMP, CPA
David Wright, PMP, GAICD

X2.3.2 一致性机构评审

以下人士担任 PMI 标准项目一致性机构的成员：

Nigel Blampied, PE, PMP
Dennis Bolles
Chris Cartwright, MPM
Andrea Demaria
John L. Dettbarn, Jr., DSc, PE
Charles T. Follin, PMP
Laurence Goldsmith, MBA, PMP
Dana J Goulston, PMP
Brian Grafsgaard, PgMP, PMP
Dave Gunner, MSc, PMP
Dorothy L. Kangas, PMP
Thomas M Kurihara
Hagit Landman, PMI-SP, PMP
Timothy A. MacFadyen, MBA, MPM
Harold "Mike" Mosley, Jr., PE, PMP
Eric S. Norman, PgMP, PMI Fellow
Nanette Patton, MSBA, PMP
Yvan Petit, PhD, PMP
Crispin (Kik) Piney, BSc, PfMP
Michael Reed, PfMP, PMP
David W. Ross, PgMP, PMP
Paul E. Shaltry, PMP
Chris Stevens, PhD
Geree V. Streun, PMP, PMI-ACP
Adam Sykes
Dave Violette, MPM, PMP

X2.3.3 征求意见稿评审

Ir Hj Ahmad Khairiri Abdul Ghani, FIMechE, Int PE
Habeeb Abdulla, PMI-RMP, PMP
Emilio Buzzi Acosta Aguirre, PMP, ITILf
Saadi Adra, PhD, PfMP, PgMP
Enyonam Agbodo, CPEng, PMP
Wasel A. Al-Muhammad, MBA, PMP
José Rafael Alcalá Gómez, PMP
Bill Allbee, PMP
Mohammed Ahmad S. AL-Shamsi, PhD, SCPM
David Angelow, PMI-ACP, PMP
Guillermo Anton
Mete Aydin, MBA, PMP
Nabeel Eltyeb Babiker, PMP, P3O
Dimah Barakat, PMI-RMP, PMP
Angela Bates, PfMP, PMP
Stephen Beattie, AMBCS, PMI-ACP
Gregory M. Becker, PMP
Stefan Bertschi, PhD
Brad Bigelow, PMP
Michael M. Bissonette, MBA, PfMP
Nigel Blampied, PE, PMP
Maciej Bodych, PMP, PfMP
Farid F. Bouges, PhD, PfMP, PMP
João Boyadjian, MSc, PMP
Padmakar Boyapati
Gurmeet Singh Budhraja, PMP
Armando Camino, PMI-ACP, PMP
Arnold Ali Cender, PMI-RMP, PMP
Godwill Chimamiwa
Subrahmanyam VN Chinta, PMP, CSM
Marcin Chomicz
Kristen Cleveland, PMP
Sergio Luis Conte PhD
Etienne Cornu, PhD, PMI-RMP, PMP
Farshid Damirchilo, MSc, PMP
Alain Darcy
Jean-Michel De Jaeger
Rajalakshmi Devarajan, MBA, PMP
Saju Devassy, MBA, PMP
Danil Dintsis, PhD, PgMP
Vahid Dokhtzeynal, PMI-RMP, PMP
R. Bernadine Douglas
Arnold Eddula, PMP, PfMP
Osman Elhassan, MBA, PMP
Yasir Elsadig, PMP, PfMP
Marco Falcao
Saurater (Sam) Faraday, MBA, PMI-RMP
Michael Farley
John Farlik, PhD, PMP
Madhu Fernando
Eneas Flores, PMP
Ravindra Gajendragadkar
Bernadette Gallagher, MSc, PMP
Gerardo Garavito, PMI-ACP, PfMP
Ardi Ghorashy, PMP, PgMP
Theofanis Giotis, PhD, PMP
Luca Giraudo, PMP, P3O
Hugh Gordon, PE, PMP
Uma H L, PMP, PfMP
Hironori Hayashi, PMI-PBA, PMP
David A. Hillson, PhD, PMI Fellow, HonFAPM
Shirley Hinton, PMP, CSP
Gheorghe Hriscu, PMP, CGEIT
Shuichi Ikeda, PMP, CBAP
Amjad Ikram
Katherine Isaac, PMP
Hemant Israni, PMI-RMP, PMP
Ahmed S. Kamel, MSc, PMP
Yoshiaki Kawaminami, PMP
Rachel Keen, PMP
Despina Kefalloniti
Marlene R. King, PMP
Henry Kondo, PMP, PfMP
Maciej Koszykowski, PMI-RMP, PMP
Rouzbeh Kotobzadeh, PMI-RMP, PMP
Wendy Kraly, MBA, PMP
Sushil Kumar, BE, PMP
Thomas M. Kurihara
Chuck M. Lage, PfMP
Guus Leeuw
Adeel Khan Leghari, PgMP, PMP
Craig Letavec, PfMP
Gregory Lipps, MBA, PMP
Tong Liu, PhD, PMP
Jeremy Lulu, PMP, MIET
Mordaka Maciej, PMP
Konstantinos Maliakas, MSc(PM), PMP
Gaitan Marius, PMP
Puian Masudifar
Jon McGlothian, MBA, PMP
Alain Patrick Medenou, PMP, MoP
Ernst Menet
Mansoor Mohammed, PfMP, PgMP
Venkatram Mohanvasi, PMP
Christopher Molloy, MoP, P3O
Ayman Nassar, PMP, CSM
Ernesto Noya Carbajal, Eng, PMP
Habeeb Omar, PgMP, PfMP
Stefan Ondek, PMP
Stefano Pagnano, PMP
Mozhgan Pakdaman, PMI-RMP, PMP
Seenivasan Pavanasam, PgMP, PfMP

Craig Perue
Crispin (Kik) Piney, BSc, PfMP
Sankaran Ramani, PfMP, PgMP
Gurdev Randhawa
P. Ravikumar, PgMP, PMP
Rafael Fernando Ronces Rosas, PMP, ITIL
Carolyn Devine Saint, CPA, CIA
Fernando Schmidkonz, MBA, PMP
Meetu Shringi
Ronald Zack Sionakides, MBA, PMP
Klas Skogmar, EMBA, PMP
Mauro Sotille, PMI-RMP, PMP
Darryl Strong, PgMP, SSGBC
Maricarmen Suarez, PgMP, PMP
Shoji Tajima, PMP, ITC
Tetsuya Tani, PMP
Sivasubramanian Thangarathnam
Paula Torres Cogollo
Micol Trezza, MBA, PMP
Eric Uyttewaal, PMP
Ali Vahedi, PfMP, PgMP
Yves-Alexis Vandooren, PMP
Ricardo Viana Vargas, MSc, PMP
Vijay Vemana, M. Tech, PgMP
Arunkumar Vijayapur, PMP
Dave Violette, MPM, PMP
Toshiyuki Henry Watanabe, PE, JP, PMP
Kevin Wegryn
John White
Gwen Whitman, EMBA, PfMP
Michal P. Wieteska, PMP
Rebecca Winston, JD
Stephen David Wise
Salim Zid, MSc, PMP
Eire Emilio Zimmermann
Rolf Dieter Zschau

X2.4 PMI 标准项目成员顾问小组

PMI 标准项目成员顾问小组在标准项目经理的领导下工作。我们表心感谢他们在开发标准的过程中有力和有益的指导。

在委员会工作期间，下列杰出的 PMI 社区成员在担任标准项目成员顾问小组的工作中表现突出，有目共睹：

Maria Cristina Barbero, MBA, PMP
Brian Grafsgaard, PfMP, PgMP
Laurence Goldsmith, PMP
Hagit Landman, MBA, PMP
Yvan Petit, PhD, MEng, PMP
Chris Stevens, PhD
Dave Violette, MPM, PMP

X2.5 协调团队

核心团队成员：

Cyndi Dionisio
Vanina Mangano
Laura Paton
David W. Ross, PMP, PgMP

PMI 职员：

M. Elaine Lazar, MA, AStd
Marvin R. Nelson, MBA, SCPM
Roberta Storer
Kristin Vitello, CAPM
John Zlockie, MBA, PMP

X2.6 产品团队

特别感谢以下 PMI 工作人员：

Donn Greenberg，出版经理
Roberta Storer，产品编辑
Barbara Walsh，出版产品主管

X2.7 《项目组合管理标准》（第 4 版）中文版翻译者

以下人员担任了《项目组合管理标准》（第 4 版）中文版的翻译工作：

张智喨 PMP，PgMP，PMI-ACP，PMI-PBA
苏金艺 PMP，PgMP，PfMP，OPM3 咨询师

全文由张智喨统稿。

附录 X3　将项目组合视为一个复杂系统

X3.1　项目组合及其管理的整体方法

项目组合管理实践者在复杂的环境中工作，该环境有重叠和经常冲突的利益。在这样的条件下，实践者常常被过多的未经过滤的信息和缺乏足够的相关沟通所挑战。为了理解这种环境，并且能够更有预见性，有必要在研究项目组合系统时将其视为一个整体。这就涉及在应用主流的线性思维的同时，还要应用一种系统思维的方法。这意味着，在进一步检查和理解项目组合独立组件的同时，还要分析整个项目组合，并且关注项目组合组件间相互作用的影响。这种并行的方法对项目组合管理者来说是非常有益的，特别是在处理由人构成的系统，尤其是涉及许多人的系统时。通常情况下，项目组合组件是为整个组织提供变更的临时手段。系统视角允许更好地理解变更动议的目标和交付这些目标的手段、项目组合组件，以及更好地理解在整个组织系统中项目组合系统的功能。

在使用系统思维的方法时，下列因素是适用的：

- **项目组合组件的连通性和依赖性。**在项目组合组件之间总是存在着交互作用，建立了牢固和平衡的回路。项目组合系统的属性、能力与行为，来源于其组件、组件间及其与其他系统的交互关系。
- **整体论。**项目组合系统应被视为一个单一的实体、一个整体，而不仅仅是一组组件。
- **历史性和时间性。**过去会影响现在。
- **边界。**整个项目组合系统的边界可以针对正在考虑的特定目的而在适宜的层级予以选择与定义。边界是为了管理目的而创建的。实际上，项目组合是一个开放的系统，总是与它的环境交互。
- **变化。**变化是一个连续的过程，它的出现是不可避免的。

◆ **因果关系。**因果关系的非比例性可能经常发生在项目组合中，原因和结果可能不会及时紧密联系在一起。

◆ **混乱。**如果项目组合系统中无序度高，项目组合组件则可能发生根据环境条件的自调整。重要的是要注意到，自我调节过程可能并非有效。通常，不加管理的自由平衡状态并不是最好的选择。

◆ **灵活性/适应性。**面对不确定性，要拥抱和管理变化，拥抱团队学习。

项目组合是一个相互关联的组件彼此之间，以及与它们的环境之间相互作用的系统。每个组件在改变时，会影响该组件所连接的项目组合的其他组件或子组件。在复杂环境中管理的项目组合，通常会表现出一些与复杂系统非常相似的行为，不断地与其环境互动，而不仅仅只与简单系统互动（简单系统是能够完整地由其组件解读的）。为了建立弹性和系统稳定性，项目组合管理人员需要更好地理解项目组合组件之间的依赖关系及其影响，以及组件之间和组件与环境之间的接口。

掌握整个组织系统的动态性，加上有关相关方的需求、资源能力管理、变革管理能力、收益实现过程成熟度、组件依赖性管理等知识，对于项目组合管理者来说是必要的。项目组合管理者应该意识到并识别项目组合组件之间的依赖关系，以及在任何时间点引入的组件之间相互联系的原因和影响（如项目组合相关方、项目组合环境等）。这样的意识可以让项目组合管理实践者提出应对紧急问题和风险的应急方案，这些风险和问题源自上述提及的引入复杂性的依赖关系。

驾驭复杂性关注的是困扰项目组合管理者的组织生活的相关方面，主要是无序、不规则和随机性。驾驭复杂性意味着在整个项目组合生命周期中接受不稳定、变化和不可预测性的同时实现项目组合目标。驾驭项目组合的复杂性有助于在不消除其原因的情况下，避免危机稳定化[1]。驾驭复杂性和项目组合管理有很强的双边关系。组织中的项目组合管理的建立和实施大大减少和利用了复杂性。

在项目组合外部环境中，复杂性主要影响战略规划、项目组合发起人和项目组合治理。对于战略规划，实践者需要考虑以下复杂性驱动因素：

◆ 项目组合的持续时间；

◆ 项目组合生态系统的动态性；

◆ 一些小的变化的影响，可能改变项目组及其环境；

◆ 与关键相关方之间的竞争情况相关联的变化。

对于项目组合发起人和项目组合治理者，考虑以下各项是很重要的：

---

1 在复杂的环境中，最好不要用“根本原因”这个词来代替“原因”，通常没有一个单一的原因影响项目组合。多个原因通过不同的依赖性影响项目组合系统，并且应该从整体的角度来处理。

- ◆ 随着复杂性的增加，缺乏可预测性的特点逐渐增强。因此，随着复杂性的增加，项目组合治理应该针对预期的、变更所导致的行为以及情景做出转变（或快速决策）。治理也应该支持积极性，这样项目组合系统就不会跳进非预期状态。项目组合管理者的职责是，确保对积累所有组件的状态、将整个项目组合的状态传达给项目组合治理并执行管理的过程进行很好的文档化、测试和确认。
- ◆ 长期规划有其局限性。这就是为什么经验丰富的项目组合管理者寻找整体模式，并且寻找可能对不利的模式产生最大影响的战略目标的微小变化。这种方法促进了灵活和适合的替代方案的制定。项目组合代表了组织未来是什么样的。项目组合随着战略和战略目标的变化而共同发展。分析和规划项目组合路线图，以及在必要时发生的偏差、主动行为、弹性及在某些情况下的灵活性和适应性，是必不可少的。如果执行管理层无法看到他们的策略在项目组合管理过程中不断反映出来，他们将不会支持项目组合管理，即便不采用这样的管理技术，他们也将几乎没有机会最终实现这一战略。
- ◆ 一个复杂的、适应性的系统方法同步应用于并增强本标准中所描述的技术项目组合管理原则已经被证明有助于项目组合治理开发鸟瞰整个项目组合管理过程的视角。复杂性的管理主要集中在项目组合的主要目标上，这对组织最有利，而且有助于加深对整个组织中项目集和项目工作的理解。作为一种复杂的、具有适应性的项目组合管理系统方法，必须承认遥远的未来在本质上是不可知的，因此战略规划要随需而变。

对于执行者和项目组合管理实践者来说，重要的是要认识到成功的项目组合管理是驾驭整个组织系统的复杂性的关键驱动力。行政管理需要通过沟通、投资、投入资源、知识管理和人才管理来支持这些努力。至关重要的是，要考虑到那些被错误引导的项目组合组件依赖关系所带来的后果。这可能对项目组合造成一些不想要的影响，包括资源浪费、进度延迟、预算浪费，以及组件间产生竞争等问题。

所提出的方法结合了整体的方法（系统思维方法和复杂度识别）。它有助于项目组合实践者意识到做了什么、不知道什么，以及如何在复杂的环境中研究问题。管理组合组件依赖性的复杂性会随着项目组合组件的增加而显著增强。类似地，项目组合组件与其环境之间的相互依赖程度越高，该环境中的变化越大，复杂性则越强。复杂性意识也有助于平衡创新的需要与组织的风险偏好和设定约束。

系统思维方法和增强项目组合复杂性意识的一个关键收益是能够更有效地处理变化，并且弥补没有考虑紧到急问题和风险而做出的解决方案的无效性。

术语表（中文排序）

产能管理（Capacity Management）： 管理项目组合及其组件的总体资源需求的一些过程。

产能规划（Capacity Planning）： 基于组件需求与组织资源的可用产能所做的资源需求分析。

产能与能力分析（Capacity and Capability Analysis）： 为了要选择、投资并实施项目组合组件，了解一个组织的人力、财力以及资产产能与能力所采取的一种技术。

成本/收益分析（Cost/Benefit Analysis）： 一种技术，以预期成本来衡量预期的财务与非财务收益（价值），以便根据相关标准确定最佳行动方案。

发起人（Sponsor）： 见“项目组合发起人”。

风险（Risk）： 一个不确定的事件或条件，一旦发生，会对一个或多个项目目标形成积极或消极的影响。

风险规避（Risk Avoidance）： 一种风险应对策略，项目团队采取行动来消除威胁或保护项目组合免受风险影响。

风险减轻（Risk Mitigation）： 一种风险应对策略，项目团队采取行动降低威胁发生的概率或造成的影响。

风险接受（Risk Acceptance）： 一种风险应对策略，项目团队决定接受风险的存在而不采取任何措施，除非风险真的发生。

风险偏好（Risk Appetite）： 组织或个人在期待回报时愿意接受不确定性的程度。

风险转移（Risk Transference）： 一种风险应对策略，项目团队把威胁造成的影响及应对责任一起转移给第三方。

工作清单（Inventory of Work）： 一个有效工作列表，这些工作可能是潜在的项目组合组件，也可能是开发项目组合的一个起点。

供应与需求分配（Supply and Demand Allocation）： 基于决策标准，试图以项目组合需求来平衡供应，有效使用组织资源。

供应与需求分析（Supply and Demand Analysis）：一种评估，为了选择、投资和实施项目组合组件，而对可用的人力、财力、资产、智力资本的产能与能力进行评估。

供应与需求管理（Supply and Demand Management）：一种平衡，以可用资源（供应）来平衡项目组合组件对资源的需求（需求），以便供应与需求均不得超过彼此。

供应与需求优化（Supply and Demand Optimization）：为了在项目组合执行过程中对所需的方向进行修正与调整，续测量与监控资源。

关键标准（Key Criteria）：评分模型中预先设定好的测量方法、准则或条件，用于测量与战略目标的一致程度。

关键主题词（Key Descriptors）：用于分类和记录项目组合组件以供后续决策的一组特征。

价值（Value）：组织所有的可定量与定性的收益、财富以及有效性，是所有有形与无形要素的总和。

价值管理（Value Management）：通过与组织战略相一致的组件，确保实现项目组合的预期价

阶段关口（Phase Gate）：一个阶段末评审，会做出决策是继续进入下个阶段、修正后再继续还是结束项目或项目集。

类别（Category）：预先设定的一个关键说明，用来给潜在的和已授权的组件分组，以便后续做出决策。多个组件以一组共同的战略目标关联成为类别。

目标（Objectives）：由组织的战略目标制定的产物，是具体的、可测量的且有时效性的。

目的（Goals）：根据组织的愿景，指出要实现什么的总体陈述。

能力评估（Capability Assessment）：对一个组织具备或者不具备什么，以及就资源而言能做或者不能做什么的一个内部分析。

评估（Evaluation）：一个过程，出于比较的目的，应用关键指标及其相关的权重标准为特定的潜在组件打分，以便进一步做出决策。

使命（Mission）：阐明达成某个组织愿景总体方法的一种陈述。

事业环境因素（Enterprise Environmental Factors）：不在团队的直接控制下，但会影响、制约或指引项目、项目集或项目组合方向的各种条件。

授权（Authorization）：一个过程，为启动项目组合中所包含的某个组件而进行批准、投资以及沟通授权。

授权项目组合（Authorize Portfolio）：一个过程，分配资源来实施选定的项目组合组件并正式沟通项目组合平衡决策。

相关方（Stakeholder）：可能影响、被影响，或者自认为会受到项目、项目集或项目组合决策、活动或成果影响的个人、小组或组织。

相关方参与（Stakeholder Engagement）：指一些方法，在与相关方互动时，项目组合经理通过它们，本着透明、负责、担责与公正的原则，在执行既定战略过程中成就卓越。

相关方分析（Stakeholder Analysis）：一种技术，用来识别相关方个人或群体，确定他们的关注点、利益、影响、期望和需求。

项目（Project）：为创造独特的产品、服务或成果而进行的临时性努力。

项目管理（Project Management）：将知识、技能、工具和技术应用于项目活动以满足项目需求。

项目集（Program）：通过协调的方式进行管理，以获取单独管理所无法取得的效益的一组相互关联的项目、子项目集和项目集活动。

项目集管理（Program Management）：将知识、技能、工具和技术应用到项目集中以满足项目集需求，并获取单独管理项目所无法取得的效益和控制。

项目集经理（Program Manager）：由实施组织授权来领导一个或多个团队，负责达成项目集目标的个人。

项目组合（Portfolio）：为实现战略目标而把项目、项目集、子项目组合和运营工作组合在一起进行管理（Portfolio 原意为组合，本标准中均指项目组合。——译者注）。

项目组合报告（Portfolio Reports）：提供绩效、风险、资源和治理决策等信息的一些报告。

项目组合产能与能力管理绩效域（Portfolio Capacity and Capability Management Domain）：一个综合框架，基于一系列指导原则，由一组工具和实践组成，为最大化使用资源并最小化项目组合实施中的资源冲突，来识别、分配和优化资源。

项目组合定期汇报与评审（Portfolio Periodic Reporting and Review）：一个过程，作为整体，应用关键指标就项目组合组件进行汇报，并且通过将实际情况与预期的进展、价值、风险水平、花费与战略一致性进行比对来评审组件组合绩效。

项目组合风险（Portfolio Risk）：一个或一组不确定事件或条件，如果它们发生，会对该项目组合至少一个战略业务目标带来一种或多种、积极或消极的影响。

项目组合风险管理（Portfolio Risk Management）：利用结构化的风险规划和响应工作，可快速有效地做出决策，以追求机会并最大限度地减少对项目组合的威胁。

项目组合风险管理计划（Portfolio Risk Management Plan）：项目组合管理计划中的一个子计划或组件，描述了如何构建和执行风险管理活动。

项目组合风险管理绩效域（Portfolio Risk Management Domain）：相关的一些活动，识别和平衡风险要素，以便有效率且有效果地促成项目组合价值交付。

项目组合风险管理框架（Portfolio Risk Management Framework）：一个既定的过程，项目组合经理用它来规划、识别、分析与应对风险，通常被定义为项目组合治理框架的一部分。

项目组合沟通管理（Portfolio Communication Management）：制订项目组合沟通管理计划和管理项目组合信息传播所需的一些过程。

项目组合沟通管理计划（Portfolio Communication Management Plan）：项目组合管理计划的一个子计划或者组件，定义与项目组合管理过程相关的所有沟通需求、建立沟通要求，指定沟通频次并识别信息受众。

项目组合管理（Portfolio Management）：为实现战略目标而集中管理一个或多个项目组合。

项目组合管理办公室（Portfolio Management Office，PMO）：负责在其领域内对项目组合进行集中管理和协调的实体。

项目组合管理计划（Portfolio Management Plan）：一份正式的、经过批准的文件，定义了如何执行、监督和控制项目组合以满足组织的战略和目标。

项目组合管理信息系统（Portfolio Management Information System，PMIS）：用于收集、整合、可视化、保存和传播组织内项目组合管理输出的工具和技术。

项目组合过程资产（Portfolio Process Assets）：项目组合经理及相关方所用的项目组合计划、过程、政策、程序以及知识库。

项目组合绩效管理计划（Portfolio Performance Management Plan）：项目组合管理计划的一个子计划或组件，描述了绩效的测量方法、报告（关于范围、成本、进度和资源）、资源优化以及收益实现。

项目组合价值管理绩效域（Portfolio Value Management Domain）：确保通过其组件实现项目组合预期价值的相关活动。

项目组合经理（Portfolio Manager）：受执行组织委派，建立、平衡、监督和控制项目组合组件，以实现战略业务目标的个人或小组。

项目组合路线图（Portfolio Roadmap）：一个可视化的概要产物，详细说明了项目组合及其相关组件如何与组织的战略目标相关联。它以时间序列方式提供了项目组合信息，从而确保该项目组合内的依赖关系得以被建立与评估。

项目组合平衡（Portfolio Balancing）：一个过程，优化项目组合组件集合来促使组织战略目标实现。

项目组合审计（Portfolio Audit）：一个过程，审查项目组合、项目集和项目管理团队对治理原则和实践的遵守情况。

项目组合生命周期（Portfolio Life Cycle）：在一个持续的时间框架内，作用于一组项目组合、项目集、项目和运营活动的一些持续的过程与职能。

项目组合授权（Portfolio Authorization）：一个正式的过程，授权项目组合组件、分配资金并指派资源。

项目组合相关方参与绩效域（Portfolio Stakeholder Engagement Domain）：一组活动，与相关方和项目组合管理间进行直接与间接沟通有关，以便获取与保持相关方对项目组合目的、目标及战略的认可。

项目组合优化（Portfolio Optimization）：用来持续平衡与优化收益、风险和资源的一种实践方法。

项目组合战略管理绩效域（Portfolio Strategic Management Domain）：管理组织的高级管理层所定义的预期的与应急的动议。

项目组合战略计划（Portfolio Strategic Plan）：一份被正式批准的文件，描述了为了实现组织的战略与目标，项目组合的愿景、目标与目的。

项目组合战略目标（Portfolio Strategic Objectives）：源于组织战略计划的项目组合预期成果。该战略目标指导着项目组合整体战略管理计划的制订。

项目组合章程（Portfolio Charter）：由项目组合发起人签发的文件，授权和指定项目组合结构，并将项目组合与组织的战略目标联系起来。

项目组合治理机构（Portfolio Governance Body）：该小组常被称为治理委员会，由组织授权建立项目组合框架、职能与过程，来指导项目组合管理活动并就该项目组合的投资与优先级做出决策。它为项目组合管理提供领导、监管和决策支持。

项目组合治理绩效域（Portfolio Governance Domain）：在一个框架内，基于一系列原则——基本规范、规则或价值观，建立的一组实践方法、职能与过程，来指导项目组合管理活动，以便优化投资并满足组织的战略与运营目标（domain 直译为“域”，本标准中均指为“绩效域”。——译者注）。

项目组合组件报告（Portfolio Component Reports）：由项目组合中的项目集经理和项目经理出具的状态报告。

愿景（Vision）：作为选定战略的结果，组织认为自己处在哪里的一个描述。

运营（Operations）：一种业务职能，负责规划、协调、分配资源和控制组织中可重复的、通常周期性实施的日常活动。

战略变更（Strategic Change）：组织的战略意图与方向上的任何变更，可能影响项目组合管理所应用的组件定义、类别、筛选、关键指标以及其他决策参数的内容。

战略动议（Strategic Initiatives）：为了实现确定的未来状态而实施的项目集和项目。

战略计划（Strategic Plan）：一份概要文件，解释了组织的愿景与使命，以及为了达成这个愿景与使命将要采用的方法，包括文件所涵盖期间将要达成的特定目的与目标。

战略一致化（Strategic Alignment）：一个过程，评估新的或者变化着的战略目标与目的，以便确定在项目组合中哪里存在差距，如果有的话，相应地进行调整。

战略与目标（Strategy and Objectives）：组织预期业绩的一个定义，业务成果可从各种视角予以解读——财务、客户、基础设施、产品与服务，或者可测量的文化产物。

治理建议（Governance Recommendations）：项目组合治理机构基于项目组合绩效、组件建议书、风险，以及资源的产能与能力、资金的分配和未来投资需求所提出的建议。

治理决策（Governance Decisions）：项目组合治理机构基于项目组合绩效、组件建议书、风险，以及资源的产能与能力、资金的分配和未来的投资需求所做出的决策。

子项目组合（Subsidiary Portfolio）：被包含在一个更大项目组合中的一系列组件，包括被组合在一起的项目集、项目和其他工作。

组合发起人（Portfolio Sponsor）：支持组织资源应用并支持项目组合管理，以帮助实现项目组合的目的和目标，并且实现预期的价值贡献的角色。

组件（Component）：项目组合的独立单元，指与达成项目组合战略目标有关的项目集、项目或运营工作。

组件建议书（Component Proposal）：一份建议或计划、商业论证或可行性研究，由相关方或者发起人制定，用来引入或者变更一个或多个项目组合组件。

组织过程资产（Organizational Process Assets）：执行组织所特有的并被其使用的计划、过程、政策、程序和知识库。

组织级项目管理（Organizational Project Management）：一种框架，为实现战略目标而把项目组合、项目集和项目管理与组织使能器整合起来。

组织能力（Organizational Capabilities）：指一个组织为了交付产品和服务，通过其人员、流程与系统来实施整个项目组合动议的一种能力。

组织战略与目标（Organizational Strategy and Objectives）：一份组织文档，包含使命与愿景陈述，以及要实现该愿景的目的、目标和策略。

组织治理（Organizational Governance）：一个过程，组织用它来指导与控制其运营和战略活动，同时该组织还用它来对相关方的合法权利、期望与愿望做出应对。

术语表（英文排序）

Authorization（授权）：一个过程，为启动项目组合中所包含的某个组件而进行批准、投资以及沟通授权。

Authorize Portfolio（授权项目组合）：一个过程，分配资源来实施选定的项目组合组件并正式沟通项目组合平衡决策。

Capability Assessment（能力评估）：对一个组织具备或者不具备什么，以及就资源而言能做或者不能做什么的一个内部分析。

Capacity and Capability Analysis（产能与能力分析）：为了要选择、投资并实施项目组合组件，了解一个组织的人力、财力以及资产产能与能力所采取的一种技术。

Capacity Management（产能管理）： 管理项目组合及其组件的总体资源需求的一些过程。

Capacity Planning（产能规划）：基于组件需求与组织资源的可用产能所做的资源需求分析。

Category（类别）：预先设定的一个关键说明，用来给潜在的和已授权的组件分组，以便后续做出决策。多个组件以一组共同的战略目标关联成为类别。

Component（组件）：项目组合的独立单元，指与达成项目组合战略目标有关的项目集、项目或运营工作。

Component Proposal（组件建议书）：一份建议或计划、商业论证或可行性研究，由相关方或者发起人制定，用来引入或者变更一个或多个项目组合组件。

Cost/Benefit Analysis（成本/收益分析）：一种技术，以预期成本来衡量预期的财务与非财务收益（价值），以便根据相关标准确定最佳行动方案。

Enterprise Environmental Factors（事业环境因素）：不在团队的直接控制下，但会影响、制约或指引项目、项目集或项目组合方向的各种条件。

Evaluation（评估）：一个过程，出于比较的目的，应用关键指标及其相关的权重标准为特定的潜在组件打分，以便进一步做出决策。

Goals（目的）：根据组织的愿景，指出要实现什么的总体陈述。

Governance Decisions（治理决策）：项目组合治理机构基于项目组合绩效、组件建议书、风险，以及资源的产能与能力、资金的分配和未来的投资需求所做出的决策。

Governance Recommendations（治理建议）：项目组合治理机构基于项目组合绩效、组件建议书、风险，以及资源的产能与能力、资金的分配和未来投资需求所提出的建议。

Inventory of Work（工作清单）：一个有效工作列表，这些工作可能是潜在的项目组合组件，也可能是开发项目组合的一个起点。

Key Criteria（关键标准）：评分模型中预先设定好的测量方法、准则或条件，用于测量与战略目标的一致程度。

Key Descriptors（关键主题词）：用于分类和记录项目组合组件以供后续决策的一组特征。

Mission（使命）：阐明达成某个组织愿景总体方法的一种陈述。

Objectives（目标）：由组织的战略目标制定的产物，是具体的、可测量的且有时效性的。

Operations（运营）：一种业务职能，负责规划、协调、分配资源和控制组织中可重复的、通常周期性实施的日常活动。

Organizational Capabilities（组织能力）：指一个组织为了交付产品和服务，通过其人员、流程与系统来实施整个项目组合动议的一种能力。

Organizational Governance（组织治理）：一个过程，组织用它来指导与控制其运营和战略活动，同时该组织还用它来对相关方的合法权利、期望与愿望做出应对。

Organizational Process Assets（组织过程资产）：执行组织所特有的并被其使用的计划、过程、政策、程序和知识库。

Organizational Project Management（组织级项目管理）：一种框架，为实现战略目标而把项目组合、项目集和项目管理与组织使能器整合起来。

Organizational Strategy and Objectives（组织战略与目标）：一份组织文档，包含使命与愿景陈述，以及要实现该愿景的目的、目标和策略。

Phase Gate（阶段关口）：一个阶段末评审，会做出决策是继续进入下个阶段、修正后再继续还是结束项目或项目集。

Portfolio（项目组合）：为实现战略目标而把项目、项目集、子项目组合和运营工作组合在一起进行管理（Portfolio 原意为组合，本标准中均指项目组合。——译者注）。

Portfolio Audit（项目组合审计）：一个过程，审查项目组合、项目集和项目管理团队对治理原则和实践的遵守情况。

Portfolio Authorization（项目组合授权）：一个正式的过程，授权项目组合组件、分配资金并指派资源。

Portfolio Balancing（项目组合平衡）：一个过程，优化项目组合组件集合来促使组织战略目标实现。

Portfolio Capacity and Capability Management Domain（项目组合产能与能力管理绩效域）：一个综合框架，基于一系列指导原则，由一组工具和实践组成，为最大化使用资源并最小化项目组合实施中的资源冲突，来识别、分配和优化资源。

Portfolio Charter（项目组合章程）：由项目组合发起人签发的文件，授权和指定项目组合结构，并将项目组合与组织的战略目标联系起来。

Portfolio Communication Management（项目组合沟通管理）：制订项目组合沟通管理计划和管理项目组合信息传播所需的一些过程。

Portfolio Communication Management Plan（项目组合沟通管理计划）：项目组合管理计划的一个子计划或者组件，定义与项目组合管理过程相关的所有沟通需求、建立沟通要求，指定沟通频次并识别信息受众。

Portfolio Component Reports（项目组合组件报告）：由项目组合中的项目集经理和项目经理出具的状态报告。

Portfolio Governance Body（项目组合治理机构）：该小组常被称为治理委员会，由组织授权建立项目组合框架、职能与过程，来指导项目组合管理活动并就该项目组合的投资与优先级做出决策。它为项目组合管理提供领导、监管和决策支持。

Portfolio Governance Domain（项目组合治理绩效域）：在一个框架内，基于一系列原则——基本规范、规则或价值观，建立的一组实践方法、职能与过程，来指导项目组合管理活动，以便优化投资并满足组织的战略与运营目标（domain 直译为“域”，本标准中均指为“绩效域”。——译者注）。

Portfolio Life Cycle（项目组合生命周期）：在一个持续的时间框架内，作用于一组项目组合、项目集、项目和运营活动的一些持续的过程与职能。

Portfolio Management（项目组合管理）：为实现战略目标而集中管理一个或多个项目组合。

Portfolio Management Information System，PMIS（项目组合管理信息系统）：用于收集、整合、可视化、保存和传播组织内项目组合管理输出的工具和技术。

Portfolio Management Office，PMO（项目组合管理办公室）：负责在其领域内对项目组合进行集中管理和协调的实体。

Portfolio Management Plan（项目组合管理计划）：一份正式的、经过批准的文件，定义了如何执行、监督和控制项目组合以满足组织的战略和目标。

Portfolio Manager（项目组合经理）：受执行组织委派，建立、平衡、监督和控制项目组合组件，以实现战略业务目标的个人或小组。

Portfolio Optimization（项目组合优化）：用来持续平衡与优化收益、风险和资源的一种实践方法。

Portfolio Performance Management Plan（项目组合绩效管理计划）：项目组合管理计划的一个子计划或组件，描述了绩效的测量方法、报告（关于范围、成本、进度和资源）、资源优化以及收益实现。

Portfolio Periodic Reporting and Review（项目组合定期汇报与评审）：一个过程，作为整体，应用关键指标就项目组合组件进行汇报，并且通过将实际情况与预期的进展、价值、风险水平、花费与战略一致性进行比对来评审组件组合绩效。

Portfolio Process Assets（项目组合过程资产）：项目组合经理及相关方所用的项目组合计划、过程、政策、程序以及知识库。

Portfolio Reports（项目组合报告）：提供绩效、风险、资源和治理决策等信息的一些报告。

Portfolio Risk（项目组合风险）：一个或一组不确定事件或条件，如果它们发生，会对该项目组合至少一个战略业务目标带来一种或多种、积极或消极的影响。

Portfolio Risk Management（项目组合风险管理）：利用结构化的风险规划和响应工作，可快速有效地做出决策，以追求机会并最大限度地减少对项目组合的威胁。

Portfolio Risk Management Domain（项目组合风险管理绩效域）：相关的一些活动，识别和平衡风险要素，以便有效率且有效果地促成项目组合价值交付。

Portfolio Risk Management Framework（项目组合风险管理框架）：一个既定的过程，项目组合经理用它来规划、识别、分析与应对风险，通常被定义为项目组合治理框架的一部分。

Portfolio Risk Management Plan（项目组合风险管理计划）：项目组合管理计划中的一个子计划或组件，描述了如何构建和执行风险管理活动。

Portfolio Roadmap（项目组合路线图）：一个可视化的概要产物，详细说明了项目组合及其相关组件如何与组织的战略目标相关联。它以时间序列方式提供了项目组合信息，从而确保该项目组合内的依赖关系得以被建立与评估。

Portfolio Sponsor（组合发起人）：支持组织资源应用并支持项目组合管理，以帮助实现项目组合的目的和目标，并且实现预期的价值贡献的角色。

Portfolio Stakeholder Engagement Domain（项目组合相关方参与绩效域）：一组活动，与相关方和项目组合管理间进行直接与间接沟通有关，以便获取与保持相关方对项目组合目的、目标及战略的认可。

Portfolio Strategic Management Domain（项目组合战略管理绩效域）：管理组织的高级管理层所定义的预期的与应急的动议。

Portfolio Strategic Objectives（项目组合战略目标）：源于组织战略计划的项目组合预期成果。该战略目标指导着项目组合整体战略管理计划的制订。

Portfolio Strategic Plan（项目组合战略计划）：一份被正式批准的文件，描述了为了实现组织的战略与目标，项目组合的愿景、目标与目的。

Portfolio Value Management Domain（项目组合价值管理绩效域）：确保通过其组件实现项目组合预期价值的相关活动。

Program（项目集）：通过协调的方式进行管理，以获取单独管理所无法取得的效益的一组相互关联的项目、子项目集和项目集活动。

Program Management（项目集管理）：将知识、技能、工具和技术应用到项目集中以满足项目集需求，并获取单独管理项目所无法取得的效益和控制。

Program Manager（项目集经理）：由实施组织授权来领导一个或多个团队，负责达成项目集目标的个人。

Project（项目）：为创造独特的产品、服务或成果而进行的临时性努力。

Project Management（项目管理）：将知识、技能、工具和技术应用于项目活动以满足项目需求。

Risk（风险）：一个不确定的事件或条件，一旦发生，会对一个或多个项目目标形成积极或消极的影响。

Risk Acceptance（风险接受）：一种风险应对策略，项目团队决定接受风险的存在而不采取任何措施，除非风险真的发生。

Risk Appetite（风险偏好）：组织或个人在期待回报时愿意接受不确定性的程度。

Risk Avoidance（风险规避）：一种风险应对策略，项目团队采取行动来消除威胁或保护项目组合免受风险影响。

Risk Mitigation（风险减轻）：一种风险应对策略，项目团队采取行动降低威胁发生的概率或造成的影响。

Risk Transference（风险转移）：一种风险应对策略，项目团队把威胁造成的影响及应对责任一起转移给第三方。

Sponsor（发起人）：见"项目组合发起人"。

Stakeholder（相关方）：可能影响、被影响，或者自认为会受到项目、项目集或项目组合决策、活动或成果影响的个人、小组或组织。

Stakeholder Analysis（相关方分析）：一种技术，用来识别相关方个人或群体，确定他们的关注点、利益、影响、期望和需求。

Stakeholder Engagement（相关方参与）：指一些方法，在与相关方互动时，项目组合经理通过它们，本着透明、负责、担责与公正的原则，在执行既定战略过程中成就卓越。

Strategic Alignment（战略一致化）：一个过程，评估新的或者变化着的战略目标与目的，以便确定在项目组合中哪里存在差距，如果有的话，相应地进行调整。

Strategic Change（战略变更）：组织的战略意图与方向上的任何变更，可能影响项目组合管理所应用的组件定义、类别、筛选、关键指标以及其他决策参数的内容。

Strategic Initiatives（战略动议）：为了实现确定的未来状态而实施的项目集和项目。

Strategic Plan（战略计划）：一份概要文件，解释了组织的愿景与使命，以及为了达成这个愿景与使命将要采用的方法，包括文件所涵盖期间将要达成的特定目的与目标。

Strategy and Objectives（战略与目标）：组织预期业绩的一个定义，业务成果可从各种视角予以解读——财务、客户、基础设施、产品与服务，或者可测量的文化产物。

Subsidiary Portfolio（子项目组合）：被包含在一个更大项目组合中的一系列组件，包括被组合在一起的项目集、项目和其他工作。

Supply and Demand Allocation（供应与需求分配）：基于决策标准，试图以项目组合需求来平衡供应，有效使用组织资源。

Supply and Demand Analysis（供应与需求分析）：一种评估，为了选择、投资和实施项目组合组件，而对可用的人力、财力、资产、智力资本的产能与能力进行评估。

Supply and Demand Management（供应与需求管理）：一种平衡，以可用资源（供应）来平衡项目组合组件对资源的需求（需求），以便供应与需求均不得超过彼此。

Supply and Demand Optimization（供应与需求优化）：为了在项目组合执行过程中对所需的方向进行修正与调整，续测量与监控资源。

Value（价值）：组织所有的可定量与定性的收益、财富以及有效性，是所有有形与无形要素的总和。

Value Management（价值管理）：通过与组织战略相一致的组件，确保实现项目组合的预期价值。

Vision（愿景）：作为选定战略的结果，组织认为自己处在哪里的一个描述。

索引

J

K

L

M

N

P

Q

R

S

T

W

X

Y

Z